鈴木基史が語る

公認会計士・税理士
鈴木 基史 著

相続税・贈与税の実践アドバイス

清文社

はしがき

　私は仕事でよく「提案書」を書きます。税務に関する相談を受けたとき、アドバイスをできるだけ文書にまとめて渡すようにしています。すべて完全オーダーメイド品です。同じ質問でも、相談者ごと置かれた状況は違います。仮にまったく同一の質問で状況も同じだとしても、相談相手の知識レベルや性格にあわせて文章や内容、ときには結論も違ってきます。ＡＩ（人工知能）時代の本格到来で、会計士・税理士の仕事がなくなる、とよく耳にします。でも、こうした心を込めた仕事は、機械ではとても務まらないんじゃないかと思います。

　この仕事をしていて思うのは、アドバイスには具体的な数字を盛り込むべし、ということです。漠然と〈こうすれば節税になる〉といった説明では、相手は納得せず振り向いてくれません。具体的な節税額を示してはじめて、真剣に考え始めます。そこで相手から次の質問が発せられ、次なるステップを考える。そうしたキャッチボールを繰り返すなかで、満足のいく答えが形づくられていく。こういうアドバイザーでありたいものと、常々思っています。

　本書に盛り込んだ節税知識は、すべてそうした私の体験に基づいています。他の書物の受け売りや机上の空論ではありません。誰かから相談を受け、いろんな試算結果に基づきプランを練って対策実行、その後、税務署への申告と税務調査の洗礼を受けた話ばかりです。

　ご自身のまわりの相続問題を抱えていらっしゃる方はもとより、会計事務所や金融機関などにお勤めで、相続税や贈与税について勉強しなければならない立場の方に、ぜひとも本書をお読みいただきたいと思っています。楽しく読み進むうちに、実務で役立つ知識が身につくはずです。

　なお、最終章（ XIV 「終わりに」）で、相続に対する私の思い（考え）をまとめて述べています。本書をお読みいただく際、最初にこの章に目を通し、その後、各章の技術的な内容に移っていただく読み方でも結構かと思います。

　最後に、本書の出版にあたっては、清文社編集第二部の尾形和子氏にたいへんお世話になりました。心よりお礼申し上げます。

平成30年6月

鈴木　基史

目次　C O N T E N T S

Ⅰ　相続税とは

1　相続が3代続けば

（1）渋沢家の教訓 ………………………………………………………………… 1

（2）100億円の財産が3代で22億円に目減り ……………………… 1

2　敵は二次相続にあり

（1）課税対象者はおおよそ8％ ……………………………………………… 3

（2）申告の大半が遺産1億円以下 ………………………………………… 4

（3）二次相続を通算した税負担 …………………………………………… 5

（4）相続税計算のしくみ ……………………………………………………… 7

（5）資産家は二次相続が大変 ……………………………………………… 11

3　一代飛ばしの相続税対策（Aさんのケース）

（1）10億円の財産が孫の手には4億1千万円 ……………………… 11

（2）一代飛ばせば1億5千万円強の節税 ……………………………… 15

（3）一代飛ばしの手続き ……………………………………………………… 17

（4）1億円の遺贈で2,000万円の節税 ………………………………… 17

（5）3億円の遺贈では5,600万円の節税 ……………………………… 20

（6）遺言のしかたに気をつけて …………………………………………… 23

Ⅱ　配偶者の税額軽減の特例

1　損して得とる

（1）法定相続分まで妻には税金がかからない ……………………… 25

（2）1億6千万円が相続税の免税点 ……………………………………… 26

（3）妻が実際に相続するのが条件 ……………………………………… 26

目次 i

（4）一次と二次の税金を通算して考える……………………26

（5）特例をフル活用すると不利？……………………31

（6）妻に多額の固有財産があるときは要注意……………………31

（7）常識的な遺産相続を……………………36

2 ひとりっ子を探そう（Sさんのケース）

（1）兄弟姉妹が相続するとき
　　配偶者の税額軽減は4分の3相当額……………………37

（2）親が存命なら納税額は増加……………………40

（3）税額軽減割合が高まる……………………41

（4）ひとりっ子なら相続分は遺産の全額……………………43

Ⅲ 相続財産の評価

1 土地は一物四価

（1）3種類の公的地価……………………45

（2）公的地価の基本は公示価格……………………45

（3）相続・贈与の際に使う路線価……………………46

（4）毎年の課税で使う固定資産税評価額……………………47

2 土地の評価はどうする

（1）路線価は路線価図で探す……………………48

（2）地区区分に応じた補正率……………………49

（3）路線価方式で計算してみよう……………………56

　　計算例1 奥行きの長い土地……………………56

　　計算例2 角地……………………57

　　計算例3 正面と裏面が道路に接する土地……………………58

　　計算例4 三方が道路に接する土地……………………59

　　計算例5 四方が道路に接する土地……………………60

計算例6	間口が狭小な土地	61
計算例7	不整形地	62
計算例8	がけ地	63
計算例9	地積規模の大きな土地	64

（4）マンション敷地には奥行価格補正率の適用 65

（5）さらに評価減される可能性もある 65

（6）私道は30％または0評価 66

（7）私道に面した土地は仮路線価で計算 66

（8）路線価がなければ固定資産税評価額を使う 67

（9）倍率方式は簡単 67

(10) 課税標準額と評価額は違う 68

(11) 途切れた道路地図 69

3 土地評価の応用編

（1）貸地や貸家建付地をどう評価する 70

（2）貸地の評価 71

（3）貸家建付地の評価 72

（4）貸家建付借地権の評価 73

（5）転借権と転貸借地権の評価 76

4 賃貸マンションの評価

（1）敷地も建物も通常より低い評価 79

（2）土地と建物が同一名義なら貸家建付地 80

（3）建物の名義を敷地所有者に変えれば評価減 80

（4）建物名義の変更が相続税対策 80

（5）会社名義で建てても対策にならない 81

5 上場株式の評価はどうする

（1）株式相場で評価 82

（2）平均株価の資料もそろっている ……………………… 83

（3）株式には配当がつきもの …………………………… 83

（4）中間配当も同様……………………………………… 84

6 自社株の評価はどうする

（1）会社規模に応じて各種の評価方式 ………………… 85

（2）持ち株が僅かなら株価は安い ……………………… 86

（3）配当還元方式の計算はどうする ………………… 86

（4）会社規模の判定方法 ……………………………… 88

（5）類似業種比準方式の計算はどうする……………… 91

（6）純資産価額方式の計算はどうする …………………… 92

IV 小規模宅地の評価の特例

（1）200m^2〜400m^{2}まで評価減………………………… 95

（2）居住用宅地は330m^{2}まで80％評価減……………… 95

　　　居住用宅地のケーススタディ ……………………… 96

（3）店舗併用住宅や二世帯住宅はどうなるか…………… 98

（4）老人ホームに入居でもOK ………………………… 98

（5）居住用宅地でも特例適用対象は限られる…………… 99

（6）平成30年度改正で家なき子節税が規制 ……………… 100

（7）特定居住用宅地のケーススタディ ………………… 102

（8）事業用宅地も評価減……………………………… 104

　　　事業用宅地のケーススタディ ……………………… 105

（9）特定事業用宅地は400m^{2}まで80％評価減…………… 107

（10）貸付用宅地は200m^{2}まで50％評価減……………… 107

（11）平成30年度改正で投資マンション節税が規制……… 108

（12）老舗そば屋の相続税 ……………………………… 110

V 借地権課税

1 賃貸借と使用貸借
（1）貸せば自分の土地でなくなる ································ 113
（2）賃貸開始時に権利金の授受 ································ 113
（3）使用貸借なら借地権は生まれない ······················ 114

2 借地権の使用貸借
（1）借地権を買い取らずに地代を払うと贈与税 ··············· 115
（2）借地権の使用貸借は税務署に届け出る ··················· 116
（3）土地の使用貸借は届出不要 ····························· 118

3 底地の買取り
（1）新しい地主に地代を払えば問題なし ····················· 118
（2）地代の支払いをストップすれば贈与税？ ················· 119
（3）届出すれば贈与税の課税なし ··························· 120

4 相続税対策と借地権
（1）同族会社を使った相続税対策 ··························· 122
（2）権利金に代えて相当の地代を支払う ····················· 122
（3）相当の地代は権利金の分割払い ························· 123
（4）地代を据え置けば借地権が自然発生 ····················· 123
（5）世間相場の地代になればフルに借地権が発生 ············· 124
（6）地価が横ばいなら借地権は発生しない ··················· 125

5 無償返還届出方式による税金対策
（1）無償返還届出書を提出すれば認定課税なし ··············· 125
（2）無償返還届出書の提出で課税関係はどうなるか ··········· 128
（3）最終的に相続税で課税 ································· 128

目次v

（4）更地価額の80%で評価 ························· 128

（5）使用貸借を選択すると更地価額のまま ············· 129

Ⅵ 贈与税とは

1 贈与とは何か

（1）相続や贈与には見返りがない ·················· 131

（2）贈与は無償の契約 ························· 131

（3）贈与の証明 ···························· 132

（4）贈与税は実質課税 ························· 132

（5）借入れ返済がある時払いなら贈与 ··············· 133

（6）元本返済を確実に ························· 133

2 結婚と税金

（1）晴れの門出に贈与税がかかる？ ················ 134

（2）結納金に贈与税がかかる!? ··················· 134

（3）結納金で共有財産を購入 ···················· 135

（4）親からの援助に贈与税はかからない ·············· 135

（5）豪華結婚式の費用を親が出したら ··············· 136

（6）高額の持参金は将来へ問題含み ················ 136

3 離婚と税金

（1）離婚で得た財産に贈与税がかかるか ·············· 137

（2）所得税の心配もなし ······················ 138

（3）不動産で渡すと譲渡所得税 ··················· 138

（4）3千万円特別控除の適用は？ ·················· 139

4 へそくりと税金

（1）へそくりは贈与にあらず ···················· 139

目次 vi

（2）窃盗でもない？ ……………………………………………………… 140

（3）へそくりは共有財産 ……………………………………………… 140

（4）相続時に共有財産を整理 ………………………………………… 140

（5）相続税の申告時にどう説明するか ……………………………… 141

5 みなし譲渡とみなし贈与

（1）法人税は時価で売ったものとして課税 ………………………… 141

（2）寄附金は損金で落とせない？ …………………………………… 142

（3）所得税はもらったお金にだけ課税 ……………………………… 142

（4）対価が著しく低いときは贈与税の課税 ………………………… 143

（5）第三者間取引にも適用があるか ………………………………… 144

（6）著しく低いかどうかの画一的な基準はない …………………… 144

（7）対価が著しく低いとき譲渡所得税の課税 ……………………… 145

（8）個人対法人の取引には過酷な課税 ……………………………… 146

（9）低額譲渡も考えもの（ある人の贈与計画） …………………… 146

VII 贈与税の特例

1 配偶者控除の特例

（1）2千万円まで非課税 ……………………………………………… 151

（2）適用条件があれこれ ……………………………………………… 152

（3）戸籍上の婚姻期間が20年以上 …………………………………… 152

（4）家かお金のどちらかで贈与 ……………………………………… 152

（5）家の贈与をするときは登記に注意 ……………………………… 153

（6）土地と建物のいずれを贈与するか ……………………………… 153

（7）譲渡の特例目当てはダメ ………………………………………… 154

（8）同じ相手からの贈与は1回かぎり ……………………………… 154

（9）2千万円以内の贈与でも "税金" はかかる …………………… 155

（10）必要書類を添付して確定申告 ································· 155

2　住宅取得資金贈与の特例

（1）親の名義で登記すれば贈与ではない ················· 157

（2）贈与税の恩典を利用する ······························· 157

（3）適用条件があれこれ ····································· 158

（4）もらう相手が限定 ······································· 159

（5）孫に贈与してもよい ····································· 159

（6）説明書類を添付して確定申告 ························· 159

3　教育資金贈与の特例

（1）孫への資金援助が非課税に ··························· 161

（2）366万円の贈与税が免除 ······························· 161

（3）教育の役務提供の対価なら何でもＯＫ ············· 162

（4）手続きは少々めんどう ································· 163

（5）30歳時点でお金が残れば贈与税 ····················· 163

（6）贈与者が先に死亡したとき残額は相続財産から除外 ········· 164

4　結婚・子育て資金贈与の特例

（1）子や孫への資金援助が非課税に ····················· 164

（2）相続税対策の効果は教育資金贈与よりも薄い ··········· 165

Ⅷ　相続時精算課税制度

（1）2,500万円まで贈与税がかからない ··················· 167

（2）直系血族間での贈与に適用 ··························· 167

（3）相続時に過去の贈与税を清算する ··················· 167

（4）贈与時の時価で相続税を計算 ························· 168

（5）高齢者の財産を次世代へ早期に移転 ················· 170

（6）相続税対策には無力？ ……………………………………………………… 170

IX　生前贈与を考える

1　限界税率の話

（1）生前贈与をどこまでするか …………………………………………… 173

（2）平均税率と限界税率 ……………………………………………………… 173

（3）税金の試算で大切なのは限界税率 ………………………………… 174

（4）限界税率で節税額はすぐ分かる …………………………………… 175

（5）生前贈与額を限界税率で考える …………………………………… 175

（6）贈与税は高い ……………………………………………………………… 177

（7）贈与は23.75％の税率以内で ………………………………………… 178

（8）理屈では47.5％まで贈与できるが？ …………………………… 180

2　実践アドバイス（Kさんのケース）………………………………… 181

（1）貸家の評価は下がる ……………………………………………………… 183

（2）使用貸借の土地は更地評価 …………………………………………… 183

（3）贈与を分ければ節税になる …………………………………………… 183

（4）具体的に計算してみる ………………………………………………… 184

（5）平均税率と限界税率 ……………………………………………………… 185

（6）限界税率で節税額が分かる …………………………………………… 186

（7）贈与税の平均税率と比較 ……………………………………………… 186

（8）アドバイザーの役割 ……………………………………………………… 187

X　生命保険の上手なかけ方

1　保険金にかかる税金（M子さんのケース）…………………………… 189

（1）契約形態により3通りの課税関係 ………………………………… 189

目次 ix

（2）契約者イコール被保険者なら相続税 189

（3）1人あたり5百万円の非課税枠 190

（4）妻が契約者のものには所得税か贈与税 190

（5）本人が受取人なら一時所得 190

（6）本人以外が受取人なら贈与税 191

2 生命保険を使った相続対策は？

（1）1人5百万円の非課税枠利用が第一歩 192

（2）同族会社で保険をかける 192

（3）一時所得課税の利用も考える 193

（4）Cタイプは受取人を変更しよう 194

（5）保険料の贈与は一石二鳥 194

（6）Dタイプは権利の相続 195

（7）Dタイプはかつてのお薦め商品 196

XI 相続税対策のプランニング

（1）具体例によるプランニング（Tさんのケース） 199

（2）賃貸不動産の取得は即効性ある節税策 201

（3）5千万円の収益物件購入で1千万円の節税 202

（4）借金しても相続税対策にはならない 203

（5）マンション建設で多大な節税効果 204

（6）空室リスクの検討は大切 205

（7）税金よりも優先すべき課題がある 205

（8）みなし相続財産タイプの保険にはぜひ入ろう 206

（9）保険を利用した退職金の支給 207

（10）役員退職金の支給で株価引下げ 209

（11）孫や曾孫への教育資金贈与 210

（12）事業承継税制の適用で贈与税・相続税の納税が猶予 ·········· 210

（13）不動産管理会社には適用なし ····································· 211

XII 相続税と贈与税の申告

1 相続税の申告

（1）10か月以内に確定申告 ··· 212

（2）提出は持参または郵送で ·· 212

（3）被相続人の住所地で申告 ·· 213

（4）相続財産に所得税はかからない ································· 213

（5）確定申告後に修正申告する場合もある ························ 214

（6）確定申告で納め過ぎたら更正の請求 ·························· 214

（7）もっと安易な解決策もある ······································ 215

（8）相続税申告書は40種類ある ····································· 215

　　相続税申告書の記入例（Fさんのケース）···················· 216

2 贈与税の申告

（1）翌年3月15日までに確定申告 ··································· 233

（2）修正申告や更正の請求で間違いを正す ························ 233

（3）贈与税申告書は3種類 ··· 234

　　贈与税申告書の記入例 ··· 234

XIII 相続税の税務調査

（1）相続税の調査割合は高い ·· 241

（2）忘れたころに税務調査 ··· 241

（3）相続税には調査がつきもの ······································ 241

（4）まずは経歴と趣味の質問 ·· 242

（5）ついで通帳とハンコの確認 ……………………………… 243

（6）預金の出入りをチェック ……………………………… 243

（7）後日の裏付け調査 ……………………………………… 243

（8）やり玉にあがるのは名義預金 ………………………… 244

（9）追徴税額は１割強増し ………………………………… 244

（10）名義預金は相続財産に追加 …………………………… 244

XIV 終わりに

1 小規模宅地特例のこと

（1）無税の相続税申告が３万件 …………………………… 246

（2）小規模宅地特例の検討が最重要課題 ………………… 246

2 相続税の申告ぶりのこと

（1）実地調査があれば８割が修正申告 …………………… 247

（2）直前出金は手元現金に計上 …………………………… 248

（3）計上しないのなら説明書きを添付 …………………… 248

（4）名義預金は自ら吟味して振り分ける ………………… 249

（5）申告除外の名義預金には説明書きが必要 …………… 249

3 遺言書のこと

（1）昔はよかった？ ………………………………………… 250

（2）立ちはだかる遺留分 …………………………………… 251

（3）不動産の共有相続は避けるべし ……………………… 252

（4）遺言書で遺産争いを回避 ……………………………… 252

（5）遺言書は必要か？ ……………………………………… 253

4 民法改正のこと

（1）配偶者居住権の新設 …………………………………… 254

（2）小規模宅地特例は税計算上の話 ································ 255

（3）婚姻期間20年以上の妻を優遇 ···························· 256

（4）自筆証書遺言の利便性が高まる ·························· 256

5 　国外財産のこと

（1）海外がらみ事案がクローズアップ ······················ 257

（2）非居住者には国内財産のみ課税 ························· 257

（3）国外財産の発見は容易？ ································· 258

6 　コツコツ贈与のこと

（1）節税策と規制はいたちごっこ ··························· 259

（2）普通の資産家にとってはコツコツ贈与が一番 ············ 260

（3）コツコツ贈与が相続税対策の王道 ······················ 260

（注）　本書の内容は、平成30年6月1日現在の法令・通達等によっています。

Ⅰ 相続税とは

1 相続が3代続けば

(1) 渋沢家の教訓

　相続が3代続けば財産がなくなる、とよく耳にします。一例として、豪邸が立ち並ぶ東京都大田区田園調布の話をしましょう。この町は大正時代、東急電鉄を創設した渋沢栄一がオーナーをつとめる、田園都市株式会社によって分譲されました。

　渋沢家も当初広大な敷地を所有していましたが、昭和6年に栄一が亡くなって、相続税の納税のため土地の一部を切り売り。その後も、息子と孫の相続がありそのたびに切り売りが続き、所有地は当初の4分の1ないし5分の1になってしまったとのことです。

(2) 100億円の財産が3代で22億円に目減り

　渋沢家の話ではありませんが、たとえば、次のような家系の一族があるとしましょう。

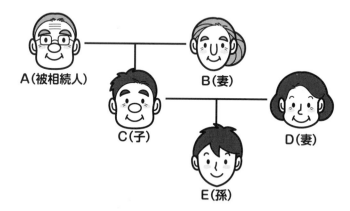

　Aがいま100億円の財産を持っていて、最終的にそれが孫Eの手に渡る時点でいくら残るか計算してみます。

計算してみよう

（前提条件）

1. 民法の相続割合どおり、妻と子が2分の1ずつ相続するものとします。その場合、「配偶者の税額軽減の特例」が適用され妻に税金はかかりません。

2. 相続税には一定の基礎控除があります。しかし、このように多額の遺産の場合は"焼け石に水"の金額。そこでこれは無視して計算します。

3. 相続税の速算表は次のとおりです。

取得価額	税 率	控除額
1,000万円以下	10%	―
3,000万円以下	15%	50万円
5,000万円以下	20%	200万円
1億円以下	30%	700万円
2億円以下	40%	1,700万円
3億円以下	45%	2,700万円
6億円以下	50%	4,200万円
6億円超	55%	7,200万円

（注） 税額は次のように計算します。
取得価額×税率－控除額＝相続税額

〈一次相続の計算〉

の相続（遺産総額100億円）

・（妻）：税額ゼロ

・（子）：$100億円×\dfrac{1}{2}＝50億円$

$50億円×55\%－7,200万円＝26億7,800万円$

2

I 相続税とは

〈二次相続の計算〉

👵の相続（遺産総額50億円）

・👦（子）：50億円×55%－7,200万円＝26億7,800万円

　　この時点で👵の手元に残る財産は、

　　　100億円－26億7,800万円×2回＝46億4,400万円

〈三次相続の計算〉

👨の相続（遺産総額46億4,400万円）

・👩（妻）：税額ゼロ

・👦（子）：46億4,400万円×$\frac{1}{2}$＝23億2,200万円

　　　　　23億2,200万円×55%－7,200万円＝12億510万円

〈四次相続の計算〉

👩の相続（遺産総額23億2,200万円）

・👦（孫）：23億2,200万円×55%－7,200万円＝12億510万円

　　この時点で👦の手元に残る財産は、

　　　46億4,400万円－12億510万円×2回＝22億3,380万円

　祖父→祖母→父→母の順に相続が発生し、そのたびに相続税がかかって4回分合計の納税額は、26億7,800万円＋26億7,800万円＋12億510万円＋12億510万円＝77億6,620万円。ということは、孫の手に渡るのは100億円－77億6,620万円＝22億3,380万円となります。

　庶民感覚では22億円もあればいいじゃない、と言いたいところですが、財産を築いた人にすれば耐え難いことかもしれませんね。とはいえ、これがわが国の相続税の実態です。何ら対策を打たず、税金のかかるがままだと、こういう仕儀にあいなります。

2 敵は二次相続にあり

（1）課税対象者はおおよそ8%

　国税庁の調べでは、毎年の死亡者数が約130万人で、平成28年では

そのうち8％の10万人に相続税がかかっています。平成26年以前は5万人台でしたが、税制改正により平成27年1月から基礎控除額が大幅に引き下げられました。その結果、課税対象者が倍増しています。

　課税対象となった人の遺産総額は平均して1億4千万円、納税額は2千万円弱といったところです。納税資金を生命保険などで準備していればともかく、現実には相続財産の大半が不動産というケースも多く、"相続破産"に近いような状況も生まれています。

　げに恐ろしきは相続税……という一般認識がありますが、はたして本当にそうなのか、その正体を見極めることにしましょう。

（2）申告の大半が遺産1億円以下

　まず、相続税には基礎控除があります。3千万円＋相続人1人あたり6百万円──これが基礎控除額の算式です。たとえば、相続人が妻と子供2人の3人なら、3,000万円＋600万円×3人＝4,800万円と計算します。

　遺産総額がこの金額以下なら相続税はかかりません。税務署への申告も不要です。もしこの金額を上回れば申告し、上回った部分に対する税金を納めるというしくみです。

　かつては、基礎控除がかなり高い水準で設定されていたため、相続税は大多数の者には縁のない税金でした。しかし、平成27年以降は13人に1人が課税対象ですから、そうは言ってられなくなりました。

　なお、先ほど遺産総額の平均が1億4千万円といいましたが、これは統計数値のマジックで、ごく一握りの大富豪の存在が平均値をつり上げているのが実態です。

　現実には、基礎控除をわずかに上回る1億円以下の申告が全体の6割です。さらに、1億円超2億円以下が3割で、両者合わせて9割を占めます。遺産が3億円、5億円の相続なんてそうそうありません。ましてや10億円を超える大富豪が、この均一化社会の日本に何人いることや

ら……。基礎控除を少し上回る程度なら、相続税も知れた金額です。

（3）二次相続を通算した税負担

そうはいってもお金持ちの人にとって、相続税の負担はやはり切実な問題でしょう。相続税の税率は最低10％ですが、遺産額に応じて最高55％までの累進税率です。

相続税の税負担は2回の相続を通算して考えなければなりません。まず、父親の一次相続、次に母親の二次相続があり、財産がすべて子供の手に渡るまでに、合計でいくらの税金がかかるかということです。

次ページの表は夫婦と子供2人の標準世帯で相続税がどれほどかかるか、試算したものです。遺産の金額に応じて、合計の税額が加速度的にふくらんでいくのが分かりますね。遺産が1億円以下ならたいした税負担ではありませんが、2億円、3億円となると納税資金のことを真剣に考えなければなりません。さらに5億円を超えるような場合、放っておくと残された遺族が悲惨な目にあいかねません。

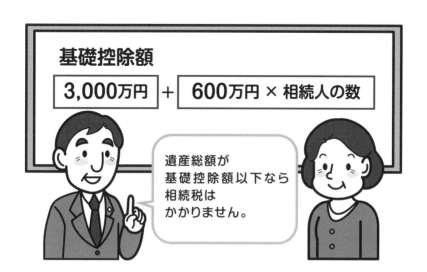

遺産総額	一次相続	二次相続	合　計 （税負担割合）
5,000万円	10万円	—	10万円 （0.2%）
8,000万円	175万円	—	175万円 （2.2%）
1億円	315万円	80万円	395万円 （4.0%）
2億円	1,350万円	770万円	2,120万円 （10.6%）
3億円	2,860万円	1,840万円	4,700万円 （15.7%）
5億円	6,555万円	4,920万円	1億1,475万円 （23.0%）
10億円	1億7,810万円	1億5,210万円	3億3,020万円 （33.0%）
20億円	4億3,440万円	3億9,500万円	8億2,940万円 （41.5%）
30億円	7億　380万円	6億5,790万円	13億6,170万円 （45.4%）
50億円	12億5,380万円	12億　790万円	24億6,170万円 （49.2%）
100億円	26億2,880万円	25億8,290万円	52億1,170万円 （52.1%）

　預貯金だけで億単位の税金を納めることのできる人は限られます。通常は相続財産の大半が不動産等で、これを処分して納税資金をねん出するか、あるいは「延納」や「物納」に頼るか、いずれにせよ生前に十分に考えておかないと、遺族が納税問題で四苦八苦という状況に追い込まれます。

（4）相続税計算のしくみ

相続税の計算のしくみは、次のとおりです。

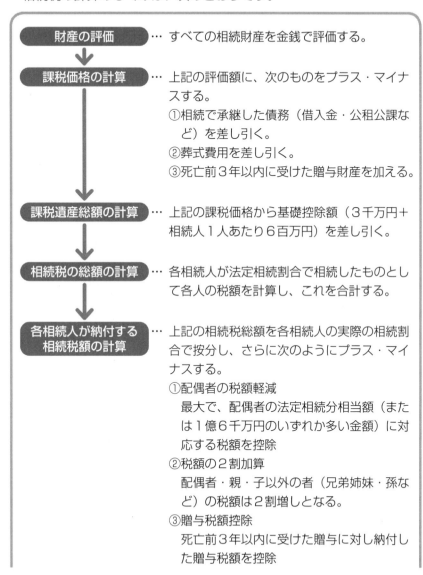

財産の評価	… すべての相続財産を金銭で評価する。
課税価格の計算	… 上記の評価額に、次のものをプラス・マイナスする。 ①相続で承継した債務（借入金・公租公課など）を差し引く。 ②葬式費用を差し引く。 ③死亡前3年以内に受けた贈与財産を加える。
課税遺産総額の計算	… 上記の課税価格から基礎控除額（3千万円＋相続人1人あたり6百万円）を差し引く。
相続税の総額の計算	… 各相続人が法定相続割合で相続したものとして各人の税額を計算し、これを合計する。
各相続人が納付する相続税額の計算	… 上記の相続税総額を各相続人の実際の相続割合で按分し、さらに次のようにプラス・マイナスする。 ①配偶者の税額軽減 　最大で、配偶者の法定相続分相当額（または1億6千万円のいずれか多い金額）に対応する税額を控除 ②税額の2割加算 　配偶者・親・子以外の者（兄弟姉妹・孫など）の税額は2割増しとなる。 ③贈与税額控除 　死亡前3年以内に受けた贈与に対し納付した贈与税額を控除

④その他の税額控除
　・相次相続控除
　　……10年以内に二次相続が起きれば
　　　　納付税額から一定額を控除
　・未成年者控除
　　……納付税額から「10万円×（20歳－
　　　　未成年者の年齢）」相当額を控除
　・障害者控除
　　……納付税額から「10万円（特別障害
　　　　者は20万円）×（85歳－障害者の
　　　　年齢）」相当額を控除
　・外国税額控除
　　……在外財産に対する外国相続税額を
　　　　納付税額から控除

　相続税額の計算は、次の順序で行います。

　　第1ステップ：課税遺産総額の計算

　　　遺産総額－基礎控除額＝課税遺産総額

　　第2ステップ：相続税の総額の計算

　　　課税遺産総額を法定相続割合で分け、税率表を使って各人ごと
　　　に税額を計算します。

　　　　→各人ごとの税額を合計したものが相続税の総額です。

　　第3ステップ：各人の納付税額の計算

　　　相続税の総額を実際に取得した相続割合で各人に按分します。

　　　　→相続人ごとの事情に応じて税額を加減算します。

　　　　（配偶者の税額軽減、税額の2割加算etc.）

　たとえば、6ページの表で遺産総額が5億円の場合の相続税額は、次
のように計算しています。

〈一次相続の計算〉

第1ステップ：

（基礎控除額）

3,000万円＋600万円×3人＝4,800万円

（課税遺産総額）

5億円－4,800万円＝4億5,200万円

第2ステップ：

（相続税の総額）

民法に定める相続分どおりに相続したものとして計算します。

妻：4億5,200万円×$\frac{1}{2}$＝2億2,600万円

2億2,600万円×45％－2,700万円＝7,470万円……①

子：4億5,200万円×$\frac{1}{2}$×$\frac{1}{2}$＝1億1,300万円

1億1,300万円×40％－1,700万円＝2,820万円……②

①＋②×2人＝1億3,110万円

相続税の速算表

取得価額	税率	控除額
1億円以下	30％	700万円
2億円以下	40％	1,700万円
3億円以下	45％	2,700万円

第3ステップ：

（各人の納付税額）

実際の相続分（ここでは民法の割合どおりと仮定）により按分計算します。

	妻	子A	子B	合 計
課税価格	2億5,000万円	1億2,500万円	1億2,500万円	5億円
同上の割合	0.50	0.25	0.25	1.00
相続税総額	1億3,110万円			
算出税額	6,555万円	3,277.5万円	3,277.5万円	1億3,110万円
配偶者軽減	△6,555万円	―	―	△6,555万円
納付税額	―	3,277.5万円	3,277.5万円	6,555万円

(注1) 「算出税額」は、相続税総額に課税価格の割合を掛けた金額です。
(注2) 配偶者の税額軽減額の計算
　　　　配偶者の法定相続分相当額（2億5,000万円）または1億6,000万円のいずれか多い金額が対象となります。

$$1億3,110万円 \times \frac{2億5,000万円}{5億円（課税価格）} = 6,555万円$$
（相続税総額）

〈二次相続の計算〉

第1ステップ：

（基礎控除額）

　3,000万円＋600万円×2人＝4,200万円

（課税遺産総額）

　2億5,000万円－4,200万円＝2億800万円

第2ステップ：

（相続税の総額）

　$2億800万円 \times \frac{1}{2} = 1億400万円$

　1億400万円×40％－1,700万円＝2,460万円……③

　③×2人＝4,920万円

第3ステップ：

（各人の納付税額）

　法定相続分どおりに相続したとすれば、子2人の納税額は上記と同じ金額です。

10

（5）資産家は二次相続が大変

6ページの表で「一次相続」の欄だけみると、さほど重い税負担とは感じられません。遺産が100億円の場合でさえ、26％の税金で済んでいます。これは「配偶者の税額軽減」という特例が用意されているためです。

夫の財産は夫婦共同で築き上げたものゆえ、妻が相続するとき民法の相続割合分（2分の1）まで妻には税金をかけない、とするものです。つまり、100億円の遺産のうち子供が相続する残り2分の1部分（50億円）にだけ相続税がかかる、という計算になっています。

ところが、二次相続で子供だけが相続するとき、このように大きな特例はありません。子供が母親から相続する50億円の財産には、もろに税金がかかります。その結果、一次相続とほぼ同額の25億円もの税負担が生じる、というしだいです。

資産家の人は、一次相続だけみて「なんとかなるさ」と安心していてはダメ。"敵は二次相続にあり"ということを肝に銘じてください。

3　一代飛ばしの相続税対策（Aさんのケース）

（1）10億円の財産が孫の手には4億1千万円

財産の目減りを阻止する上で、一代飛ばしの方策が大きな節税効果をもたらします。たとえばこういう家系の一族がいて、Aさんが10億円の財産を持っているとします。

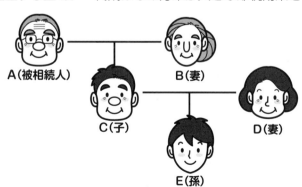

時の流れに身をまかせ、次のよう

な順序で財産を相続していけば、4回の相続で納税額は次のように合計5億8,347万円。孫Eの手元には差引きで4億1,653万円しか残りません。

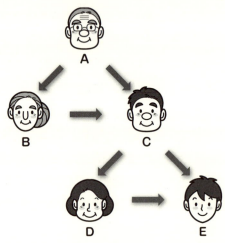

	相続財産	相続税
一次相続（A→B・C）	10億円	1億9,750万円
二次相続（B→C）	5億円	1億9,000万円
三次相続（C→D・E）	6億1,250万円	1億 136万円
四次相続（D→E）	3億 625万円	9,461万円
合 計	―	5億8,347万円

Ⅰ 相続税とは

 計算してみよう

前ページの表の計算過程は次のとおりです。

〈一次相続の計算〉

Aの相続（遺産総額10億円、基礎控除額4,200万円）

・課税遺産総額：10億円－4,200万円＝9億5,800万円

・相続税の総額

　B（妻）：9億5,800万円×$\frac{1}{2}$＝4億7,900万円

　　　　　4億7,900万円×50％－4,200万円＝1億9,750万円

　　　　　……①

　C（子）：9億5,800万円×$\frac{1}{2}$＝4億7,900万円

　　　　　4億7,900万円×50％－4,200万円＝1億9,750万円

　　　　　……②

　①＋②＝3億9,500万円

相続税の速算表

取得価額	税率	控除額
2億円以下	40％	1,700万円
3億円以下	45％	2,700万円
6億円以下	50％	4,200万円

・各人の納付税額

	妻（B）	子（C）	合計
課税価格	4億7,900万円	4億7,900万円	9億5,800万円
同上の割合	0.5	0.5	1.0
相続税総額		3億9,500万円	
算出税額	1億9,750万円	1億9,750万円	3億9,500万円
配偶者軽減	△1億9,750万円	－	△1億9,750万円
納付税額	－	1億9,750万円	1億9,750万円

〈二次相続の計算〉

Bの相続（遺産総額5億円（10億円×$\frac{1}{2}$）、基礎控除額3,600万円）

・課税遺産総額：5億円－3,600万円＝4億6,400万円

・C（子）の納付税額：4億6,400万円×50％－4,200万円

$\qquad\qquad\qquad$ ＝1億9,000万円

この時点でCの手元に残る財産は、

10億円－（1億9,750万円＋1億9,000万円）＝6億1,250万円
　　　　　一次税金　　　　　　二次税金

〈三次相続の計算〉

Cの相続（遺産総額6億1,250万円、基礎控除額4,200万円）

・課税遺産総額：6億1,250万円－4,200万円＝5億7,050万円

・相続税の総額

D（妻）：5億7,050万円×$\frac{1}{2}$＝2億8,525万円

$\qquad$ 2億8,525万円×45％－2,700万円≒1億136万円
$\qquad\qquad\qquad\qquad\qquad\qquad\qquad\qquad$ （計算の便宜上、万円未満切捨て）

$\qquad$ ……③

E（子）：5億7,050万円×$\frac{1}{2}$＝2億8,525万円

$\qquad$ 2億8,525万円×45％－2,700万円≒1億136万円

$\qquad$ ……④

$\quad$ ③＋④＝2億272万円

・各人の納付税額

D（妻）：2億272万円×$\frac{1}{2}$＝1億136万円

$\qquad\quad$ 1億136万円－1億136万円（配偶者税額軽減）＝0

E（子）：2億272万円×$\frac{1}{2}$＝1億136万円

〈四次相続の計算〉

Dの相続（遺産総額3億625万円（6億1,250万円×$\frac{1}{2}$）、

$\qquad$ 基礎控除額3,600万円）

・課税遺産総額：3億625万円－3,600万円＝2億7,025万円

・E（子）の納付税額：2億7,025万円×45％－2,700万円
　　　　　　　　≒9,461万円

　この時点でEの手元に残る財産は、
　　6億1,250万円－(1億136万円+9,461万円)＝4億1,653万円
　　　　　　　　　　三次税金　　　四次税金

（2）一代飛ばせば1億5千万円強の節税

　さてここで、流れをA→Eに変えることを考えてみましょう。つまり、B、C、Dには遺産分けをせず、養子縁組みをして全財産を孫Eに渡してしまうという戦法です。このとき税金は4億2,744万円で、（1）の場合と比べて1億5,603万円の節税となり、その分Eの手取り額は増えて5億7,256万円を引き継ぐことができます。

	相続財産	相 続 税	手取り額
通　　常	10億円	5億8,347万円	4億1,653万円
一代飛ばし	10億円	4億2,744万円	5億7,256万円
差　　引		△1億5,603万円	1億5,603万円

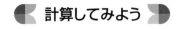
 計算してみよう

(基礎控除額)
　　3,000万円＋600万円×3人＝4,800万円
　　　（注）　Aの相続人はB（妻）、C（実子）、E（養子）の3人です。
(課税遺産総額)
　　10億円－4,800万円＝9億5,200万円
(相続税の総額)
　B：9億5,200万円×$\frac{1}{2}$＝4億7,600万円
　　　4億7,600万円×50％－4,200万円＝1億9,600万円……①
　C：9億5,200万円×$\frac{1}{2}$×$\frac{1}{2}$＝2億3,800万円
　　　2億3,800万円×45％－2,700万円＝8,010万円……②
　E：9億5,200万円×$\frac{1}{2}$×$\frac{1}{2}$＝2億3,800万円
　　　2億3,800万円×45％－2,700万円＝8,010万円……③
　①＋②＋③＝3億5,620万円

相続税の速算表

取得価額	税　率	控除額
2億円以下	40％	1,700万円
3億円以下	45％	2,700万円
6億円以下	50％	4,200万円

(各人の納付税額)
　全財産を相続するEが納税することになりますが、ここで1親等の血族および配偶者以外の者が相続する場合には、税額を2割増しとする取扱いが設けられています。養子縁組をすれば戸籍上は1親等ですが、孫はもともと2親等なので、その場合には2割加算の規定が適用されます。そこで、Eが納付する税額は次のようになります。
　　3億5,620万円×1.2＝4億2,744万円

I　相続税とは

（3）一代飛ばしの手続き

　孫はもともと相続人ではありません。そこで相続を一代飛ばすには、つまり孫が相続を受けるためには、"養子縁組"または"遺言"のいずれかの手続きが必要です。

　いずれも税額の2割加算がありますが、違いは基礎控除の金額です。養子なら基礎控除（3千万円プラス相続人1人あたり6百万円）の計算で、相続人の数にカウントされますから、養子縁組の方が有利です。ただし、諸般の事情で現実問題としてそれはできないという人には、遺言書を書いていただくことになります。

（4）1億円の遺贈で2,000万円の節税

　実際に一代飛ばしをするとき、前記（2）の計算例のように妻や子供を一切無視して全財産を孫に、というのは現実的でありません。そこで（1）の計算のように、一次、二次……と順番に相続はするものの、一部を遺言で孫にという併用方式をとった場合、遺贈する金額に応じて次のような節税効果が得られます。

〈1億円を遺贈する場合〉

	相続財産	相　続　税
一次相続	10億円	2億　540万円
二次相続	5億円	1億9,000万円
三次相続	5億5,200万円	8,775万円
四次相続	2億7,600万円	8,100万円
合　計		5億6,415万円

　1億円の遺贈を行った結果、遺贈しない場合と比べて、トータルの納税額は次のように1,932万円減少し、その分E（孫）の手取り額が増加します。

	遺贈なし	遺贈あり	差 引
一次相続	1億9,750万円	2億 540万円	790万円
二次相続	1億9,000万円	1億9,000万円	—
三次相続	1億 136万円	8,775万円	△1,361万円
四次相続	9,461万円	8,100万円	△1,361万円
合 計	5億8,347万円	5億6,415万円	△1,932万円

（注） 一次相続の相続税額が増加しているのは、Eの納税額が通常の2割増しとなるためです。

計算してみよう

〈一次相続の計算〉

Aの相続（遺産総額10億円、基礎控除額4,200万円）

（注） 孫と養子縁組をしていないので、相続人はB（妻）とC（子）の2人だけです。

・課税遺産総額：10億円－4,200万円＝9億5,800万円

・相続税の総額

B（妻）：9億5,800万円×$\frac{1}{2}$＝4億7,900万円

4億7,900万円×50％－4,200万円＝1億9,750万円

……①

C（子）：9億5,800万円×$\frac{1}{2}$＝4億7,900万円

4億7,900万円×50％－4,200万円＝1億9,750万円

……②

①＋②＝3億9,500万円

相続税の速算表

取得価額	税 率	控除額
2億円以下	40％	1,700万円
3億円以下	45％	2,700万円
6億円以下	50％	4,200万円

I 相続税とは

・各人の納付税額

	妻（B）	子（C）	孫（E）	合　計
課 税 価 格	5億円	4億円	1億円	10億円
同上の割合	0.5	0.4	0.1	1.0
相続税総額	3億9,500万円			
算 出 税 額	1億9,750万円	1億5,800万円	3,950万円	3億9,500万円
配偶者軽減	△1億9,750万円	—	—	△1億9,750万円
2 割 加 算	—	—	790万円	790万円
納 付 税 額	—	1億5,800万円	4,740万円	2億540万円

（注1）「配偶者の税額軽減の特例」をフルに受けるため、妻は遺産の半分を相続するものとします。

（注2）孫の納税額は2割増しになります。

〈二次相続の計算〉

Bの相続（遺産総額5億円（10億円×$\frac{1}{2}$）、基礎控除額3,600万円）

・課税遺産総額：5億円−3,600万円＝4億6,400万円

・C（子）の納付税額：4億6,400万円×50％−4,200万円

$$＝1億9,000万円$$

この時点でCの手元に残る財産は、

10億円−1億円−1億5,800万円−1億9,000万円＝5億5,200万円
（遺贈）（一次税金）（二次税金）

〈三次相続の計算〉

Cの相続（遺産総額5億5,200万円、基礎控除額4,200万円）

・課税遺産総額：5億5,200万円−4,200万円＝5億1,000万円

・相続税の総額

D（妻）：5億1,000万円×$\frac{1}{2}$＝2億5,500万円

2億5,500万円×45％−2,700万円＝8,775万円……③

E（子）：5億1,000万円×$\frac{1}{2}$＝2億5,500万円

2億5,500万円×45％−2,700万円＝8,775万円……④

③＋④＝1億7,550万円

・各人の納付税額

　　D（妻）：1億7,550万円×$\frac{1}{2}$＝8,775万円

　　　　　　　8,775万円－8,775万円（配偶者税額軽減）＝0

　　E（子）：1億7,550万円×$\frac{1}{2}$＝8,775万円

〈四次相続の計算〉

　　Dの相続（遺産総額2億7,600万円（5億5,200万円×$\frac{1}{2}$）、

　　　　　　　基礎控除額3,600万円）

　・課税遺産総額：2億7,600万円－3,600万円＝2億4,000万円

　・E（子）の納付税額：2億4,000万円×45％－2,700万円

　　　　　　　　　　　＝8,100万円

この時点でEの手元に残る財産は、

　　　遺贈　　一次税金　　　　　相　続　　　　三次税金　　　四次税金
　　1億円－4,740万円＋5億5,200万円－8,775万円－8,100万円

　　＝4億3,585万円

（1）の計算において、遺贈しない場合の手取り額は4億1,653万円でしたから、遺贈することで1,932万円だけ手取り額が増加します。

（5）3億円の遺贈では5,600万円の節税

　　遺贈の金額をもっと増やして3億円にすれば、次のようになります。

〈3億円を遺贈する場合〉

	相続財産	相　続　税
一次相続	10億円	2億2,120万円
二次相続	5億円	1億9,000万円
三次相続	4億3,100万円	6,080万円
四次相続	2億1,550万円	5,480万円
合　計		5億2,680万円

　　3億円の遺贈を行った結果、遺贈しない場合と比べて、トータルの納税額は次のように5,667万円減少し、その分E（孫）の手取り額が増加

します。

	遺贈なし	遺贈あり	差　引
一次相続	1億9,750万円	2億2,120万円	2,370万円
二次相続	1億9,000万円	1億9,000万円	—
三次相続	1億　136万円	6,080万円	△4,056万円
四次相続	9,461万円	5,480万円	△3,981万円
合　計	5億8,347万円	5億2,680万円	△5,667万円

計算してみよう

〈一次相続の計算〉

　　Aの相続（遺産総額10億円、基礎控除額4,200万円）

　　（注）　孫と養子縁組をしていないので、相続人はB（妻）とC（子）の2人だけです。

・課税遺産総額：10億円－4,200万円＝9億5,800万円

・相続税の総額

　　B（妻）：9億5,800万円×$\frac{1}{2}$＝4億7,900万円

　　　　　　　4億7,900万円×50％－4,200万円＝1億9,750万円

　　　　　　　……①

　　C（子）：9億5,800万円×$\frac{1}{2}$＝4億7,900万円

　　　　　　　4億7,900万円×50％－4,200万円＝1億9,750万円

　　　　　　　……②

　　①＋②＝3億9,500万円

相続税の速算表

取得価額	税　率	控除額
1億円以下	30％	700万円
2億円以下	40％	1,700万円
3億円以下	45％	2,700万円
6億円以下	50％	4,200万円

・各人の納付税額

	妻（B）	子（C）	孫（E）	合　計
課税価格	5億円	2億円	3億円	10億円
同上の割合	0.5	0.2	0.3	1.0
相続税総額	3億9,500万円			
算出税額	1億9,750万円	7,900万円	1億1,850万円	3億9,500万円
配偶者軽減	△1億9,750万円	—	—	△1億9,750万円
2割加算	—	—	2,370万円	2,370万円
納付税額	—	7,900万円	1億4,220万円	2億2,120万円

（注）「配偶者の税額軽減の特例」をフルに受けるため、妻は遺産の半分を相続する
　　　ものとします。

〈二次相続の計算〉

　Bの相続（遺産総額5億円（10億円×$\frac{1}{2}$）、基礎控除額3,600万円）

　・課税遺産総額：5億円−3,600万円＝4億6,400万円

　・C（子）の納付税額：4億6,400万円×50％−4,200万円

　　　　　　　　　　　＝1億9,000万円

　この時点でCの手元に残る財産は、

　　　　　　遺贈　　　一次税金　　　　二次税金
　　　10億円−3億円−7,900万円−1億9,000万円＝4億3,100万円

〈三次相続の計算〉

　Cの相続（遺産総額4億3,100万円、基礎控除額4,200万円）

　・課税遺産総額：4億3,100万円−4,200万円＝3億8,900万円

　・相続税の総額

　　D（妻）：3億8,900万円×$\frac{1}{2}$＝1億9,450万円

　　　　　　　1億9,450万円×40％−1,700万円＝6,080万円……③

　　E（子）：3億8,900万円×$\frac{1}{2}$＝1億9,450万円

　　　　　　　1億9,450万円×40％−1,700万円＝6,080万円……④

　　③＋④＝1億2,160万円

Ⅰ 相続税とは

・各人の納付税額

D（妻）：1億2,160万円×$\frac{1}{2}$＝6,080万円

6,080万円－6,080万円（配偶者税額軽減）＝0

E（子）：1億2,160万円×$\frac{1}{2}$＝6,080万円

〈四次相続の計算〉

Dの相続（遺産総額2億1,550万円（4億3,100万円×$\frac{1}{2}$）、

基礎控除額3,600万円）

・課税遺産総額：2億1,550万円－3,600万円＝1億7,950万円

・E（子）の納付税額：1億7,950万円×40％－1,700万円

＝5,480万円

この時点でEの手元に残る財産は、

$\underset{\text{遺贈}}{3億円}－\underset{\text{1次税金}}{1億4,220万円}＋\underset{\text{相続}}{4億3,100万円}－\underset{\text{三次税金}}{6,080万円}－\underset{\text{四次税金}}{5,480万円}$

＝4億7,320万円

先の計算で、遺贈しない場合の手取り額は4億1,653万円でしたから、遺贈することで5,667万円だけ手取り額が増加します。

（6）遺言のしかたに気をつけて

遺言書を書くとき、通常は不動産を孫に渡すことを考えるでしょう。その際、気をつけるべきは納税資金の問題です。土地や建物の遺贈を受けた孫が、その税金をどうやって納めるのか。

物納や延納という手段もなくはないですが、税金は原則として現金で納めます。孫には手持ち現金がないから代わりに親が納める、なんてことをすると問題です。孫が支払うべき税金を親が負担する——そう、もうお分かりのように、これは立派な贈与です。まず相続税がかかり、そこに贈与税が上乗せで課税されます。

そうならないよう、孫には不動産に納税資金を上乗せして遺贈しなければなりません。現金が上乗せされると、その分納税額がふくらみます。遺言書を書くときは、そのあたりのことを十考慮した内容にしなければ

なりません。

　しかし現実には、将来の相続時点での地価を予測して計算するのも、なかなかやっかいな作業です。そこでこうした煩わしさを避けるため、できることなら養子縁組をお勧めします。養子には相続権がありますから、遺産分割の話し合いに参加できます。生前に取得財産を特定しなくても、相続が発生してから税額をはじいて納税資金を相続させることが可能だということです。

この章のまとめ

- ●相続税のかかる人は、年間約10万人（死亡者の8％）に上ります。
- ●相続税の基礎控除額は「3千万円＋相続人1人あたり6百万円」（遺族が妻と子供2人なら4,800万円）です。
  - →遺産総額がこれを少し上回る程度なら相続税も知れた金額です。
- ●相続税は最低10％から最高55％の累進税率で、遺産総額がふくらめば加速度的に税負担が増加します。
- ●一次相続の際は「配偶者の税額軽減の特例」の適用により、さほど過重な税負担とはなりません。
- ●二次相続ではその特例が使えず、2回分の相続を通算すれば、資産家には過重な税負担となります。
- ●親から子・孫へと順次相続せず、親から孫へと一代飛ばしで相続すれば節税になります。
  - →孫に相続させるためには養子縁組か遺言が必要です。
  - →孫に不動産を遺贈するときは納税資金を上乗せして渡すことを考えましょう。

24

Ⅱ 配偶者の税額軽減の特例

1 損して得とる

（1）法定相続分まで妻には税金がかからない

　相続税を安上がりにするためには、「配偶者の税額軽減」の特例をいかに有効に活用するかを考えなければなりません。相続税にはほかにも小粒の特例がアレコレありますが、この配偶者の特例は使い方次第で絶大な威力を発揮します。

　この特例は要するに、夫の財産は夫婦共同で築き上げたものゆえ、妻が相続するとき民法の相続割合分まで妻には税金をかけない、とするものです。

　相続の際、妻は常に相続人となりますが、さらに妻とともに次の者が、次の順序で相続人になります。

　　　第１順位：「子」

　　　第２順位：子がいないときは「父母」

　　　第３順位：子と父母がいないときは「兄弟姉妹」

　遺産は家系図において、まずは下へ、下に誰もいなければ上へ、上がいなければ横の順序で流れる、ということですね。

　それぞれのケースにつき、民法では相続割合を次のように定めています。

　　① 　妻と子で相続するとき

　　　⇒ 　妻：２分の１、子：２分の１

　　② 　妻と父母で相続するとき

　　　⇒ 　妻：３分の２、父母：３分の１

　　③ 　妻と兄弟姉妹で相続するとき

　　　⇒ 　妻：４分の３、兄弟姉妹：４分の１

25

（2）1億6千万円が相続税の免税点

通常は妻と子供で相続しますから、妻の相続割合は2分の1。そこで妻が遺産の半分を相続し、この特例を最大限に活用すれば妻には相続税がかかりません。子供が相続する残り半分に対する税金だけ払えばいい、ということです。

ところで、この話にはさらにうま味があります。それは特例の適用対象として、最低1億6千万円は保障するというものです。たとえば、遺産が2億円のとき、民法の相続割合は2分の1で1億円ですが、このとき1億6千万円までこの特例が使えます。

$$2億円 × \frac{1}{2} = 1億円$$
1億6千万円 ｝いずれか多い金額まで適用

そうなると相続税の課税対象は、2億円から1億6千万円を控除した残り4千万円部分だけ。もし、遺産総額が1億6千万円以下なら、この特例をフルに利用すれば相続税はいっさいかかりません。

相続人が3人で基礎控除が4,800万円の場合でも、1億6千万円までは税金がかからないということで、『1億6千万円』が事実上の免税点となっています。

（3）妻が実際に相続するのが条件

なんとも大盤振る舞いの特例ですが、一つ条件があります。それは妻が財産を実際に相続するということです。

つまり、2分の1とか1億6千万円というのは、あくまで特例の適用枠の話です。権利行使できる枠がそれだけあっても、実際に特例を受けるためには、その金額以上の財産を妻が相続しなければなりません。

（4）一次と二次の税金を通算して考える

さて、次ページ表の試算結果をご覧ください。遺産が1億6千万円で、相続人が妻と子供2人（合計3人）の場合、一次相続の遺産分割をどうするかで、一次相続と二次相続の税額がこのように変わります。

Ⅱ 配偶者の税額軽減の特例

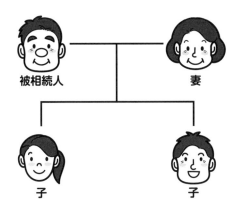

	一次相続	二次相続	合　計
⒜ 妻 が 全 部 相 続	－	2,140万円	2,140万円
⒝ 妻と子が半分ずつ相続	860万円	470万円	1,330万円
⒞ 子 が 全 部 相 続	1,720万円	－	1,720万円

計算してみよう

それぞれのケースで、税額計算は次のとおりです。

(a) 一次相続で妻が全財産を相続する場合

〈一次相続の計算〉

（基礎控除額）

　3,000万円＋600万円×3人＝4,800万円

（課税遺産総額）

　1億6,000万円－4,800万円＝1億1,200万円

（相続税の総額）

　民法に定める相続分どおり相続したものとして計算します。

　妻：1億1,200万円×$\frac{1}{2}$＝5,600万円

　　　5,600万円×30％－700万円＝980万円……①

27

子：1億1,200万円×$\frac{1}{2}$×$\frac{1}{2}$＝2,800万円

2,800万円×15％－50万円＝370万円……②

①＋②×2人＝1,720万円

相続税の速算表

取得価額	税　率	控 除 額
1,000万円以下	10％	－
3,000万円以下	15％	50万円
5,000万円以下	20％	200万円
1億円以下	30％	700万円

（各人の納付税額）

	妻	子	子	合　計
課 税 価 格	1億6,000万円	－	－	1億6,000万円
同上の割合	1.0	－	－	1.0
相続税総額	1,720万円			
算 出 税 額	1,720万円	－	－	1,720万円
配偶者軽減	△ 1,720万円	－	－	△ 1,720万円
納 付 税 額	－	－	－	－

（注1）「算出税額」は、相続税総額に課税価格の割合を掛けた金額です。

（注2）配偶者の税額軽減額の計算

配偶者の法定相続分相当額（1億6,000万円×$\frac{1}{2}$＝8,000万円）または1億6,000万円相当額のいずれか多い金額が対象となります。

$$\overset{\text{相続税総額}}{1,720万円}×\frac{1億6,000万円}{1億6,000万円（課税価格）}＝1,720万円$$

〈二次相続の計算〉

（基礎控除額）

3,000万円＋600万円×2人＝4,200万円

（課税遺産総額）

1億6,000万円－4,200万円＝1億1,800万円

Ⅱ 配偶者の税額軽減の特例

（相続税の総額）

1億1,800万円×$\frac{1}{2}$＝5,900万円

5,900万円×30％－700万円＝1,070万円……③

③×2人＝2,140万円

（各人の納付税額）

どのように遺産分けするにせよ、子2人で合計2,140万円を納税することになります。

（b）一次相続で妻と子が半分ずつ相続する場合

〈一次相続の計算〉

（相続税の総額）

（a）と同じ計算で1,720万円

（各人の納付税額）

	妻	子	子	合 計
課 税 価 格	8,000万円	4,000万円	4,000万円	1億6,000万円
同上の割合	0.5	0.25	0.25	1.0
相続税総額	1,720万円			
算 出 税 額	860万円	430万円	430万円	1,720万円
配偶者軽減	△860万円	－	－	△860万円
納 付 税 額	－	430万円	430万円	860万円

（注1） 子2人は均等に相続したものとします。

（注2） 配偶者の税額軽減額の計算

この特例を適用するには、配偶者が実際に相続しなければなりません。適用枠としては1億6,000万円相当額まで認められますが、現実に適用されるのは、配偶者が実際に相続した財産（8,000万円）に相当する税額どまりです。

$$\overset{\text{相続税総額}}{1,720万円}\times\frac{8,000万円（妻の課税価格）}{1億6,000万円（課税価格）}＝860万円$$

29

〈二次相続の計算〉

（基礎控除）

3,000万円＋600万円×2人＝4,200万円

（課税遺産総額）

8,000万円－4,200万円＝3,800万円

（相続税の総額）

$3,800万円×\frac{1}{2}＝1,900万円$

1,900万円×15％－50万円＝235万円……③

③×2人＝470万円

（各人の納付税額）

どのように遺産分けするにせよ、子2人で合計470万円を納税することになります。

(c) 一次相続で子が全財産を相続する場合

〈一次相続の計算〉

（相続税の総額）

(a) と同じ計算で1,720万円

（各人の納付税額）

	妻	子	子	合　計
課 税 価 格	―	8,000万円	8,000万円	1億6,000万円
同上の割合	―	0.5	0.5	1.0
相続税総額	1,720万円			
算 出 税 額	―	860万円	860万円	1,720万円
配偶者軽減	―	―	―	
納 付 税 額	―	860万円	860万円	1,720万円

（注） 子2人は均等に相続したものとします。

〈二次相続の計算〉

妻には遺産がないので、二次相続に相続税はかかりません。

Ⅱ　配偶者の税額軽減の特例

（5）特例をフル活用すると不利？

　一次相続で税金がかからないからといって、前記（4）の(a)のように妻が１億6千万円の全財産を相続してしまうと、次の相続がたいへんです。大きな税金が子供2人にかかってきます。

　もちろん、二次相続までに財産（とくに預貯金）が目減りする、という要素はあります。しかし他方、二次相続で"隠れ財産"が顕在化する、という側面もあります。

　隠れ財産とは、非課税の生命保険金や死亡退職金のことです。相続で遺族が受け取った保険金や退職金には、相続人1人あたり500万円の非課税枠が設けられています。つまり、相続人が3人ならそれぞれ500万円×3＝1,500万円、両方合わせて最大3,000万円の隠れ財産が生まれる余地ありということです。

　一次と二次の相続税を通算して考えれば、むしろ (c) のように今回の相続では特例をまったく使わない（妻は相続しない）方が、合計の税額は安上がり。さらにそれよりもっと賢いやり方は、(b) のように遺産分けすることです。

　一次相続で2人の子供が全体の半分の8千万円相当の財産を取得し、まずその分の税金を払っておきます。その代わり、次回の相続財産は妻が相続した残り8千万円となり、これは基礎控除（3,000万円＋600万円×2人＝4,200万円）を少し上回るだけなので、たいした税負担にはならないという高等戦術です。

（6）妻に多額の固有財産があるときは要注意

　夫だけでなく妻にも多額の固有財産があるという場合は、配偶者の特例をどのように受けるか、よくよく考えなければなりません。

　たとえばある夫婦で、妻が義父母と養子縁組をして過去に義父から相続を受け、夫婦2人がそれぞれ財産を10億円ずつ持っているというケースを考えます。

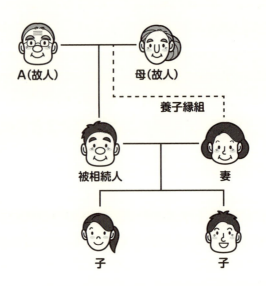

　いま、夫が亡くなりました。相続人は妻と子供2人の計3人です。さてこの相続で、どのような遺産分けをするのが賢明でしょうか。

　配偶者の特例をフルに受けるべく（a）妻が半分相続する場合と、（b）妻はいっさい相続せず子供が全財産を取得する場合について、それぞれ一次相続と二次相続の税額を計算すれば次のとおりです。

	一次相続	二次相続	合　計
(a) 妻が半分相続する場合	1億7,810万円	6億5,790万円	8億3,600万円
(b) 子供がすべて相続する場合	3億5,620万円	3億9,500万円	7億5,120万円
差　引	△1億7,810万円	2億6,290万円	8,480万円

　一次相続の税額を最小限にとどめるには、妻が半分以上相続（(a)のケース）して配偶者の特例をフルに適用することです。その場合、税額は1億7,810万円ですみます。もし配偶者の特例をいっさい受けない、つまり妻は相続せず子供が全財産を取得（(b)のケース）すれば、税額はその倍の3億5,620万円かかってしまいます。

Ⅱ 配偶者の税額軽減の特例

次に二次相続の計算です。(a)のケースでは、妻が夫の財産を5億円相続しているので、(b)と比べてその分課税価格がふくらみ、子供2人で相続するとき税額は2億6,290万円も増加してしまいます。

つまり2回の相続を通算して考えれば、一次相続で配偶者の特例にこだわってしまうと、結果的に8,480万円だけ余分な税負担をこうむる、ということをこの試算は示しています。

計算してみよう

(a) 妻が半分相続する場合
〈一次相続の計算〉
（基礎控除額）
　3,000万円＋600万円×3人＝4,800万円
（課税遺産総額）
　10億円－4,800万円＝9億5,200万円
（相続税の総額）
　妻：9億5,200万円×$\frac{1}{2}$＝4億7,600万円
　　　4億7,600万円×50％－4,200万円＝1億9,600万円……①
　子：9億5,200万円×$\frac{1}{2}$×$\frac{1}{2}$＝2億3,800万円
　　　2億3,800万円×45％－2,700万円＝8,010万円……②
　①＋②×2人＝3億5,620万円

相続税の速算表

取得価額	税　率	控除額
2億円以下	40％	1,700万円
3億円以下	45％	2,700万円
6億円以下	50％	4,200万円
6億円超	55％	7,200万円

（各人の納付税額）

　実際の相続分（ここでは民法の割合どおり）により按分計算します。

	妻	子	子	合　計
課税価格	5億円	2億5,000万円	2億5,000万円	10億円
同上の割合	0.50	0.25	0.25	1.00
相続税総額	3億5,620万円			
算出税額	1億7,810万円	8,905万円	8,905万円	3億5,620万円
配偶者軽減	△1億7,810万円	—	—	△1億7,810万円
納付税額	—	8,905万円	8,905万円	1億7,810万円

（注1）　「算出税額」は、相続税総額に課税価格の割合を掛けた金額です。

（注2）　配偶者の税額軽減額の計算

　　　　配偶者の法定相続分相当額（5億円）または1億6,000万円のいずれか多い金額が対象となります。

$$3億5,620万円 \times \frac{5億円（相続税総額）}{10億円（課税価格）} = 1億7,810万円$$

〈二次相続の計算〉

（課税価格）

　10億円（固有財産）＋5億円（相続財産）＝15億円

（基礎控除額）

　3,000万円＋600万円×2人＝4,200万円

（課税遺産総額）

　15億円－4,200万円＝14億5,800万円

（相続税の総額）

　$14億5,800万円 \times \frac{1}{2} = 7億2,900万円$

　7億2,900万円×55％－7,200万円＝3億2,895万円……③

　　③×2人＝6億5,790万円

（各人の納付税額）

　どのように遺産分けするにせよ、子2人で合計6億5,790万円を納税することになります。

II 配偶者の税額軽減の特例

(b) 妻はまったく相続しない場合

〈一次相続の計算〉

（相続税の総額）

（a）と同じ計算で3億5,620万円

（各人の納付税額）

	妻	子	子	合 計
課税価格	―	5億円	5億円	10億円
同上の割合	―	0.5	0.5	1.0
相続税総額	3億5,620万円			
算出税額	―	1億7,810万円	1億7,810万円	3億5,620万円
配偶者軽減	―	―	―	―
納付税額	―	1億7,810万円	1億7,810万円	3億5,620万円

（注）　子2人は均等に相続したものとします。

〈二次相続の計算〉

（課税価格）

夫からの相続財産はないので、固有財産（10億円）のみ課税対象

（基礎控除額）

3,000万円＋600万円×2人＝4,200万円

（課税遺産総額）

10億円－4,200万円＝9億5,800万円

（相続税の総額）

9億5,800万円×$\frac{1}{2}$＝4億7,900万円

4億7,900万円×50％－4,200万円＝1億9,750万円……③

③×2人＝3億9,500万円

（各人の納付税額）

どのように遺産分けするにせよ、子2人で合計3億9,500万円を納税することになります。

35

（7）常識的な遺産相続を

　現実に遺産分けをする際は、以上の試算結果のほか、さまざまな要素を考慮しなければなりません。たとえば、一次相続から二次相続までの間に財産（とくに預貯金）がいかほど目減りするか。妻の老後の生活資金の問題を無視して、単に二次相続の財産減らしのためだけに妻は相続せず、子供に財産をシフトしてしまうことが可能かどうか。

　あるいは、まだ年若い子供に多額のお金を持たせるのはいかがなものか。経済的に満たされてしまうと、人間、勤労意欲をなくします。子供にとってそれが幸せなことなのかどうか。いくら節税になるといっても、非常識な遺産分割は将来に禍根を残す結果となりかねません。

　だけど逆に、こういう面も考えておいてください。遺産が１億６千万円以下で、配偶者の特例を適用し税額をゼロにするために、全財産を妻が相続する。ところがその場合、その後子供にマイホームの取得など大きな買い物をする必要が生まれたとき、遺産のお金をそのまま子供が使うわけにいきません。

　全財産を母親が相続しましたから、それを子供のために使うとなると贈与問題が生じます。この場合、将来の必要資金を子供に相続させ、その分相続税を納めておくのが賢明です。とはいえ、預金通帳などを子供に渡してしまう必要はなく、その時が来るまで母親が保管しておく、ということでも構いません。

2 ひとりっ子を探そう（Ｓさんのケース）

（１）兄弟姉妹が相続するとき配偶者の税額軽減は４分の３相当額

いま、こういう家族関係のＳさんが亡くなりました。

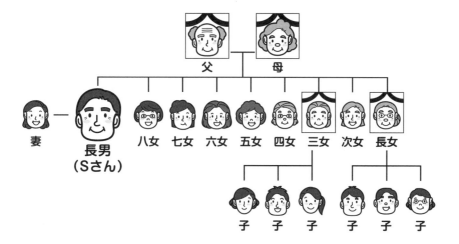

　Ｓさんは９人姉弟の末っ子です。奥さんがいますが子供はいません。親は２人ともすでに他界しています。

　この場合、妻は相続人になるとして、あと子供も親もいないとなると、妻以外の相続人は８人のお姉さん方です。ただし、長女と三女は先に亡くなっていて、２人の取り分はその子供、つまりＳさんの甥と姪が代襲相続することになります。

　Ｓさんの遺産は５億円です。姉８人は形見分けで各1,000万円ずつ受け取り、残り全額を妻が相続します。この場合、次の計算により、全員で合計3,262万円の相続税を納めることになります。

◀ **計算してみよう** ▶

（基礎控除額）

3,000万円＋600万円×13人＝1億800万円

（注）　相続人は、妻と姉6人、甥・姪6人の計13人です。

（課税遺産総額）

5億円－1億800万円＝3億9,200万円

（相続税の総額）

民法に定める相続分どおり相続したものとして計算します。

妻：3億9,200万円×$\frac{3}{4}$＝2億9,400万円

2億9,400万円×45％－2,700万円＝1億530万円……①

姉：3億9,200万円×$\frac{1}{4}$×$\frac{1}{8}$＝1,225万円

（注）　長女と三女も含めて姉妹8人で均等に相続します。

1,225万円×15％－50万円≒133万円

（計算の便宜上、万円未満切捨て）

133万円×6人＝798万円………②

甥・姪：3億9,200万円×$\frac{1}{4}$×$\frac{1}{8}$×$\frac{1}{3}$≒408万円

（注）　長女と三女の取り分をそれぞれ子供3人が均等に相続します。

408万円×10％≒40万円

40万円×6人＝240万円………③

①＋②＋③＝1億1,568万円

Ⅱ 配偶者の税額軽減の特例

相続税の速算表

取得価額	税率	控除額
1,000万円以下	10%	―
3,000万円以下	15%	50万円
5,000万円以下	20%	200万円
1億円以下	30%	700万円
2億円以下	40%	1,700万円
3億円以下	45%	2,700万円

（各人の納付税額）

　遺産分割の話し合いの結果、姉妹8人が1,000万円ずつ（甥・姪は
それを3等分）、残りをすべて妻が相続することになりました。

	妻	姉	甥・姪	合　計
課 税 価 格	4億2,000万円	1,000万円×6人	333万円×6人	5億円
相続税総額	1億1,568万円			
算 出 税 額	9,717万円	231.5万円×6人	77万円×6人	1億1,568万円
配偶者軽減	△8,676万円	―	―	△ 8,676万円
2 割 加 算	―	46.3万円×6人	15.4万円×6人	370万円
納 付 税 額	1,041万円	277.8万円×6人	92.4万円×6人	3,262万円

（注1）　「算出税額」は、相続税総額を各人の課税価格の割合で按分した金額です。
（注2）　配偶者の税額軽減額の計算
　　　　　配偶者の法定相続分相当額（5億円×$\frac{3}{4}$＝3億7,500万円）または実際の取
　　　　　得価額（4億2,000万円）のいずれか少ない金額が対象となります。
　　　　　$\overset{\text{相続税総額}}{1億1,568万円}×\dfrac{3億7,500万円}{\underset{\text{（課税価格）}}{5億円}}=8,676万円$
（注3）　姉妹（甥・姪も含めて）が相続するときは、税額が2割増しとなります。

39

（2）親が存命なら納税額は増加

Sさんの母親は数年前に亡くなっています。もし、Sさんより長生きしていれば、Sさんの遺産に対する相続税は、次のように5,158万円と大きくふくらんでしまいます。

計算してみよう

（基礎控除額）

　　3,000万円＋600万円×2人＝4,200万円

　　（注）　相続人は、妻と母親の2人です。

（課税遺産総額）

　　5億円－4,200万円＝4億5,800万円

（相続税の総額）

民法に定める相続分どおり相続したものとして計算します。

妻：4億5,800万円×$\frac{2}{3}$≒3億533万円

　　3億533万円×50％－4,200万円≒1億1,066万円……①

　　　　　　　　　　　　　　　　　（計算の便宜上、万円未満切捨て）

母：4億5,800万円×$\frac{1}{3}$≒1億5,266万円

　　1億5,266万円×40％－1,700万円≒4,406万円……②

①＋②＝1億5,472万円

相続税の速算表

取得価額	税　率	控除額
1億円以下	30％	700万円
2億円以下	40％	1,700万円
3億円以下	45％	2,700万円
6億円以下	50％	4,200万円

（各人の納付税額）

母が1,000万円を取得し、残りの4億9,000万円を妻が相続することとします。

Ⅱ　配偶者の税額軽減の特例

	妻	母	合　計
課税価格	4億9,000万円	1,000万円	5億円
相続税総額	1億5,472万円		
算出税額	1億5,163万円	309万円	1億5,472万円
配偶者軽減	△1億314万円	—	△1億314万円
納付税額	4,849万円	309万円	5,158万円

（注１）　「算出税額」は、相続税総額を各人の課税価格の割合で按分した金額です。

（注２）　配偶者の税額軽減額の計算

配偶者の法定相続分相当額（5億円×$\frac{2}{3}$≒3億3,333万円）または実際の取得価額（4億9,000万円）のいずれか少ない金額が対象となります。

$$1億5,472万円\overset{\text{相続税総額}}{\times}\frac{3億3,333万円}{5億円（課税価格）}=1億314万円$$

（注３）　親が相続するとき2割加算の適用はありません。

（3）税額軽減割合が高まる

　3,262万円と5,158万円——2通りの相続でなぜこうも税額が違うのか、相違点を検討してみましょう。

　まず、相続人の数がぜんぜん違います。姉妹で相続すれば甥や姪も加わって13人なのに、母親が相続人だと2人しかいない。となると、基礎控除の金額が違ってきますね。

　3,000万円＋600万円×13人＝1億800万円

　3,000万円＋600万円×2人＝4,200万円

　姉妹が相続すれば、差引き6,600万円だけ課税対象の金額が減ります。

　さらに、相続人の数の増加は税率にも影響します。相続税の総額の計算過程を見直してください。妻の税率は45％または50％でほぼ同じ。ところが、その他の人の税率がぜんぜん違いますね。

　母親が相続すれば40％——それが姉妹だと15％、甥・姪にいたっては最低の10％ですんでいます。この適用税率の違いが、税額の減少に貢献しています。

　さらにもう一つ、大きな相違点があります。それは「配偶者の税額軽

減」の割合です。この特例は民法の相続割合分まで適用されます。通常は妻と子供が相続するので、減額割合は２分の１。ところが、親と相続するとき妻の相続分は３分の２、兄弟姉妹が相手だと４分の３と割合が高まります。

　Ｓさんの相続でも、親が存命なら３分の２相当額しか適用されません。姉妹が相続したことで４分の３に相当する税額が控除され、多大な税額軽減につながったというしだいです。

Ⅱ　配偶者の税額軽減の特例

（4）ひとりっ子なら相続分は遺産の全額

　さて、ここでもしＳさんに兄弟姉妹がいなければどうなるか、考えてみましょう。夫婦に子供がなく、親も先に亡くなっていて、ひとりっ子で兄弟姉妹がいない──となると、相続人は妻１人だけです。

　この場合、民法に定める妻の相続割合は『１』ですから、相続税法上、配偶者の税額軽減の割合も『１』。ということは……そうです！妻にかかるはずの税金は、全額カットされるということ。

　たとえ、50億円、100億円の財産を相続しようと、妻にはいっさい相続税がかからないという、そういう取扱いになっています。夫婦共同で築き上げた財産ゆえ、民法の相続分まで妻の財産権を保障するという建前上、そういう扱いにせざるを得ないのでしょう。

　さて、この話を聞いた適齢期の女性が、思わずこう叫んだということです。

　「よし、ひとりっ子を探そう！」

　まあ、それも結構でしょう。ご健闘をお祈りします。だけど国側は、次なる課税機会を虎視眈々とねらっているのですよ。それは、次に妻が亡くなったときのことです。おそらく妻の親は先に亡くなっているから、妻の兄弟姉妹、あるいは甥や姪が相続人。その際に、２割加算も含めごっそり取り戻せるという魂胆です。

43

この章のまとめ

- 妻の相続財産には法定相続分または１億６千万円まで相続税がかかりません。
- この特例を受けるには、妻が実際に財産を取得しなければなりません。
- 遺産総額が１億６千万円以下ですべて妻が相続すれば相続税は０となります。
- 妻に多額の固有財産があるとき、一次相続でこの特例を受けると不利になる場合があります。
  - →一次・二次相続の税金トータルでこの特例の適用を考えましょう。
- 子供・両親・兄弟姉妹のいない夫の相続では、妻の相続税は０となります。

Ⅲ 相続財産の評価

1 土地は一物四価

（1） 3種類の公的地価

　財産には、土地、建物、有価証券、預貯金等々、いろんな種類があります。相続税額をはじくには、まずは一つひとつの財産を評価しなければなりません。それぞれ評価のしかたが定められていますが、財産評価の実務で大半の時間を費やすのは、土地の評価問題でしょう。

　土地の評価方法にはいろいろあります。相続税の財産評価の基本は"時価"で、土地も例外ではありません。ただし、ひと口に時価といっても見方はさまざま。誰がどういう目的で使うかによって、土地にはいろんな時価が存在します。

　身近な時価として、実際に取引される「売買時価」があります。しかし、売りに出すときと買いに入るときでは、同じ土地でも値段が違います。売り急ぎや買いたたきなど、その時々の需給関係で値が決まりますから、およそ統一的な売買時価などありえないでしょう。

　土地の時価として、何らかの必要上、次のようにいくつかのお役所で"公的"な評価額が定められています。

```
┌ 公示価格……………………100
│ （基準地価）
│ 路線価…………………… 80
└ 固定資産税評価額…… 70
```

　各数字は評価額の水準を示しています。公示価格を100とすれば、路線価は80、固定資産税評価額は70の水準で設定してあります。

（2） 公的地価の基本は公示価格

　大まかに3種類の公的地価があります。ベースになるのは「公示価格」で、これは国土交通省が毎年1月1日現在で鑑定し公表しているもので

45

す。

　この地価はもともと、お上が民間から土地を買い上げる"収用"の際の目安となる価格で、そこから転じて、売買する際の適正な"あるべき時価"としての役割を果たすようになりました。

　公示価格は、毎年３月下旬の官報に掲載され、それが日刊紙に転載されます。閲覧制度もありますが、国土交通省のホームページにアクセスし次のように追っていけば、地図付きの一覧表にたどり着きます。

　　オープンデータ→統計情報→分野別統計・データ(土地)→土地関係統計→地価公示

　なお、公示価格とよく似た評価額に「基準地価」があります。毎年９月下旬に各都道府県から公表され、公示価格と同じ評価水準で設定してあります。公示価格と違うのは、７月１日時点の時価という点で、この地価は各市区町村役場あるいは都道府県庁で閲覧できます。また、各都道府県のホームページに掲載されていますが、先ほどの国土交通省のホームページでも、「都道府県地価調査」というタイトルで公示価格と並んで掲載されています。

（３）相続・贈与の際に使う路線価

　各国税局で設定するのが「路線価」です。公示価格のおおむね『８割』の水準に設定され、相続税や贈与税の申告をするときはこの評価額を使います。公示価格と同じく１月１日現在の時価で、その年中の相続や贈与には、すべてその同じ評価額を使うことになっています。

　路線価は、毎年３月下旬に公表される公示価格をベースに設定されます。そこで事務処理の都合上、公表は毎年７月上旬です。「路線価図」という冊子にまとめられ、税務署で自由に閲覧できます。あるいは、国税庁のホームページにアクセスし、トップページの分野別メニュー・関連サイト内の"路線価図・評価倍率表"をクリックすれば、簡単にたどり着くことができます。ダウンロードも可能です。

Ⅲ 相続財産の評価

（４）毎年の課税で使う固定資産税評価額

　もう一つの公的地価が、各市町村の設定する「固定資産税評価額」です。土地の所有に対して毎年かかる税金の基になる評価額ですから、路線価よりさらに低い水準（公示価格の『７割』）にとどめてあります。

　この評価額は、代表的な地点しか公開されません。個々の所有者には毎年春（４月か５月）、市町村役場から土地所有者宛てに送付される「納税通知書」で明らかにされます。もし必要とあれば、本人が市役所などに請求すれば「評価証明書」を発行してもらえます。

　この評価額は全国津々浦々、すべての土地に対し地番ごとに設定されています。すべての土地を網羅していることから、固定資産税以外にもいろいろと利用され、たとえば登録免許税や不動産取得税の課税でも使われています。

この節のまとめ

- ●土地には売買時価のほか３種類の公的時価があります。
- ●国土交通省が公表する公示価格（または基準地価）
- ●国税局で定める路線価
  - →相続税・贈与税の課税で使う（公示価格の８掛け水準）
- ●市町村で定める固定資産税評価額
  - →毎年の固定資産税の課税で使う（公示価格の７掛け水準）

2 土地の評価はどうする

（1）路線価は路線価図で探す

　土地にはいろいろ種類があり、宅地・田・畑・山林等々の種類に応じて計算方法が多少違いますが、相続税の土地評価には2通りのやり方があります。

　一つは「路線価方式」で、各道路ごとに税務署で値段を付けていて、その土地が面している道路に付けられた価格（路線価）で計算するやり方です。路線価は先ほど説明したように、税務署へ行って「路線価図」を見るか、あるいは、国税庁のホームページですぐに分かります。

　たとえば、"〇〇市池田町7番地の5"に200平方メートルの土地があるとします。路線価図で該当するページを開きました。

〈路線価図〉

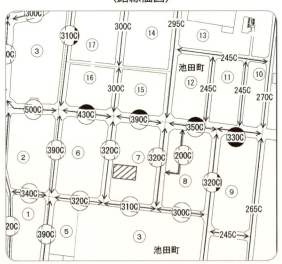

　前面道路に『320』という数字が記入されていて、これはこの道路に面した土地を「1平方メートルあたり320千円で評価する」という意味です。したがってこの土地の評価額は、320千円×200m^2＝6,400万円という計算になります。

III 相続財産の評価

　路線価として記入してある数字はすべて千円単位で、さらに１平方メートルあたりの金額（坪単価ではない）ですからお間違いなく。要するに、路線価図は詳細な道路地図みたいなもので、町名ごとの索引も設けられていますから、さほど苦労せず求める路線価を探し出せると思います。

（２）地区区分に応じた補正率

　先の路線価図をもう一度ご覧ください。320の数字を○印で囲ってありますね。これはこの場所が“普通商業地区または併用住宅地区”であることを意味します。路線価図では他にも次のような印を使って、それぞれの地区区分をあらわしています。

地　区　区　分	表　示　記　号
ビ　ル　街　地　区	⬡（六角形）
高　度　商　業　地　区	◯（だ円形）
繁　華　街　地　区	⬡（八角形）
普通商業地区・併用住宅地区	◯（円　形）
普　通　住　宅　地　区	（無　印）
中　小　工　場　地　区	◇（ひし形）
大　工　場　地　区	☐（長方形）

　どの地区のどんな形の土地かで、評価のしかたが違ってきます。たとえば、間口が狭くて奥行きの長い土地は使い勝手が悪いから、普通の土地より評価が下がる。あるいは三角形の土地や、きちんとした四角形になっていない“不整形地”も、通常より低く評価されます。

　いかほど低くするか、その減額割合が地区によって違っており、次のようにいろんな「補正率表」が定められています。

　①　奥行価格補正率

　　奥行距離が長い（短い）土地の評価額を引き下げるために使います。

奥行価格補正率表

地区区分 奥行距離 （メートル）	ビル街 地区	高度商業 地区	繁華街 地区	普通商業・ 併用住宅 地区	普通住宅 地区	中小工場 地区	大工場 地区
4未満	0.80	0.90	0.90	0.90	0.90	0.85	0.85
4以上　6未満		0.92	0.92	0.92	0.92	0.90	0.90
6 〃　8 〃	0.84	0.94	0.95	0.95	0.95	0.93	0.93
8 〃　10 〃	0.88	0.96	0.97	0.97	0.97	0.95	0.95
10 〃　12 〃	0.90	0.98	0.99	0.99	1.00	0.96	0.96
12 〃　14 〃	0.91	0.99	1.00	1.00		0.97	0.97
14 〃　16 〃	0.92	1.00				0.98	0.98
16 〃　20 〃	0.93					0.99	0.99
20 〃　24 〃	0.94					1.00	1.00
24 〃　28 〃	0.95				0.97		
28 〃　32 〃	0.96		0.98		0.95		
32 〃　36 〃	0.97		0.96	0.97	0.93		
36 〃　40 〃	0.98		0.94	0.95	0.92		
40 〃　44 〃	0.99		0.92	0.93	0.91		
44 〃　48 〃	1.00		0.90	0.91	0.90		
48 〃　52 〃		0.99	0.88	0.89	0.89		
52 〃　56 〃		0.98	0.87	0.88	0.88		
56 〃　60 〃		0.97	0.86	0.87	0.87		
60 〃　64 〃		0.96	0.85	0.86	0.86	0.99	
64 〃　68 〃		0.95	0.84	0.85	0.85	0.98	
68 〃　72 〃		0.94	0.83	0.84	0.84	0.97	
72 〃　76 〃		0.93	0.82	0.83	0.83	0.96	
76 〃　80 〃		0.92	0.81	0.82			
80 〃　84 〃		0.90	0.80	0.81	0.82	0.93	
84 〃　88 〃		0.88		0.80			
88 〃　92 〃		0.86			0.81	0.90	
92 〃　96 〃	0.99	0.84					
96 〃　100 〃	0.97	0.82					
100 〃	0.95	0.80			0.80		

50

III 相続財産の評価

② 側方路線影響加算率

角地(かどち)の評価額を引き上げるために使います。

側方路線影響加算率表

地 区 区 分	加　算　率	
	角地の場合	準角地の場合
ビ ル 街 地 区	0.07	0.03
高 度 商 業 地 区 繁 華 街 地 区	0.10	0.05
普通商業・併用住宅地区	0.08	0.04
普 通 住 宅 地 区 中 小 工 場 地 区	0.03	0.02
大 工 場 地 区	0.02	0.01

（注）準角地とは、右図のように一系統の路線の屈折部の内側に位置するものをいいます。

③ 二方路線影響加算率

正面と裏面が道路に面している土地の評価額を引き上げるために使います。

二方路線影響加算率表

地 区 区 分	加 算 率
ビ ル 街 地 区	0.03
高 度 商 業 地 区 繁 華 街 地 区	0.07
普通商業・併用住宅地区	0.05
普 通 住 宅 地 区 中 小 工 場 地 区 大 工 場 地 区	0.02

④ 間口狭小補正率

間口の狭い土地の評価額を引き下げるために使います。

間口狭小補正率表

間口距離（メートル）＼地区区分	ビル街地区	高度商業地区	繁華街地区	普通商業・併用住宅地区	普通住宅地区	中小工場地区	大工場地区
4未満	—	0.85	0.90	0.90	0.90	0.80	0.80
4以上 6未満	—	0.94	1.00	0.97	0.94	0.85	0.85
6〃 8〃	—	0.97		1.00	0.97	0.90	0.90
8〃 10〃	0.95	1.00			1.00	0.95	0.95
10〃 16〃	0.97					1.00	0.97
16〃 22〃	0.98						0.98
22〃 28〃	0.99						0.99
28〃	1.00						1.00

⑤ 奥行長大補正率

間口に対し奥行きの長い土地の評価額を引き下げるために使います。

奥行長大補正率表

奥行距離／間口距離＼地区区分	ビル街地区	高度商業地区 繁華街地区 普通商業・併用住宅地区	普通住宅地区	中小工場地区	大工場地区
2以上 3未満	1.00	1.00	0.98	1.00	1.00
3〃 4〃		0.99	0.96	0.99	
4〃 5〃		0.98	0.94	0.98	
5〃 6〃		0.96	0.92	0.96	
6〃 7〃		0.94	0.90	0.94	
7〃 8〃		0.92		0.92	
8〃		0.90		0.90	

⑥ がけ地補正率

がけ地の評価額を引き下げるために使います。

がけ地補正率表

がけ地地積/総地積	南	東	西	北
0.10以上	0.96	0.95	0.94	0.93
0.20 〃	0.92	0.91	0.90	0.88
0.30 〃	0.88	0.87	0.86	0.83
0.40 〃	0.85	0.84	0.82	0.78
0.50 〃	0.82	0.81	0.78	0.73
0.60 〃	0.79	0.77	0.74	0.68
0.70 〃	0.76	0.74	0.70	0.63
0.80 〃	0.73	0.70	0.66	0.58
0.90 〃	0.70	0.65	0.60	0.53

土地の場所や形状によって評価方法が異なります。

⑦　不整形地補正率

　　三角形など矩形（けい）でない土地の評価額を引き下げるために使います。

不整形地補正率表

地区区分 地積区分 かげ地割合	高度商業地区、繁華街地区、 普通商業・併用住宅地区、 中小工場地区			普通住宅地区		
	A	B	C	A	B	C
10%以上	0.99	0.99	1.00	0.98	0.99	0.99
15% 〃	0.98	0.99	0.99	0.96	0.98	0.99
20% 〃	0.97	0.98	0.99	0.94	0.97	0.98
25% 〃	0.96	0.98	0.99	0.92	0.95	0.97
30% 〃	0.94	0.97	0.98	0.90	0.93	0.96
35% 〃	0.92	0.95	0.98	0.88	0.91	0.94
40% 〃	0.90	0.93	0.97	0.85	0.88	0.92
45% 〃	0.87	0.91	0.95	0.82	0.85	0.90
50% 〃	0.84	0.89	0.93	0.79	0.82	0.87
55% 〃	0.80	0.87	0.90	0.75	0.78	0.83
60% 〃	0.76	0.84	0.86	0.70	0.73	0.78
65% 〃	0.70	0.75	0.80	0.60	0.65	0.70

（注1）　不整形地の地区区分に応ずる地積区分は、「地積区分表」によります。

（注2）　「かげ地割合」は次の算式により計算した割合によります。

$$かげ地割合＝\frac{想定整形地の地積－不整形地の地積}{想定整形地の地積}$$

地積区分表

地区区分 ＼ 地積区分	A	B	C
高度商業地区	1,000m²未満	1,000m²以上 1,500m²未満	1,500m²以上
繁華街地区	450m²未満	450m²以上 700m²未満	700m²以上
普通商業・併用住宅地区	650m²未満	650m²以上 1,000m²未満	1,000m²以上
普通住宅地区	500m²未満	500m²以上 750m²未満	750m²以上
中小工場地区	3,500m²未満	3,500m²以上 5,000m²未満	5,000m²以上

Ⅲ 相続財産の評価

⑧ 規模格差補正率

地積規模の大きな土地（三大都市圏500m²以上、その他地域1,000m²以上）の評価額を引き下げるために使います。

$$規模格差補正率 = \frac{Ⓐ × Ⓑ + Ⓒ}{地積規模の大きな宅地の地積（Ⓐ）} × 0.8$$

（注1） 上記算式で計算した率は、小数点以下第2位未満を切り捨てます。
（注2） 上記算式のⒷとⒸは、次の表によります。

①三大都市圏に所在する宅地

地積 ＼ 地区区分 記号	普通商業・併用住宅地区、普通住宅地区	
	Ⓑ	Ⓒ
500m²以上　1,000m²未満	0.95	25m²
1,000m²以上　3,000m²未満	0.90	75m²
3,000m²以上　5,000m²未満	0.85	225m²
5,000m²以上	0.80	475m²

②三大都市圏以外の地域に所在する宅地

地積 ＼ 地区区分 記号	普通商業・併用住宅地区、普通住宅地区	
	Ⓑ	Ⓒ
1,000m²以上　3,000m²未満	0.90	100m²
3,000m²以上　5,000m²未満	0.85	250m²
5,000m²以上	0.80	500m²

（注3） 詳細は省略しますが、この補正率の適用は、一定の地区区分、用途地域、容積率等の要件を満たす土地に限られます。

（3）路線価方式で計算してみよう

では、上記の補正率を使って、路線価方式でいろんな土地を評価してみましょう。

[計算例1] 奥行きの長い土地

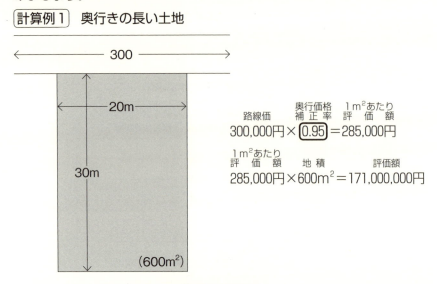

奥行価格補正率表

奥行距離 （メートル）	ビル街 地区	高度商業 地区	繁華街 地区	普通商業・ 併用住宅 地区	普通住宅 地区	中小工場 地区	大工場 地区
4未満	0.80	0.90	0.90	0.90	0.90	0.85	0.85
4以上 6未満		0.92	0.92	0.92	0.92	0.90	0.90
6 〃 8 〃	0.84	0.94	0.95	0.95	0.95	0.93	0.93
8 〃 10 〃	0.88	0.96	0.97	0.97	0.97	0.95	0.95
10 〃 12 〃	0.90	0.98	0.99	0.99	1.00	0.96	0.96
12 〃 14 〃	0.91	0.99	1.00	1.00		0.97	0.97
14 〃 16 〃	0.92	1.00				0.98	0.98
16 〃 20 〃	0.93					0.99	0.99
20 〃 24 〃	0.94					1.00	1.00
24 〃 28 〃	0.95				0.97		
28 〃 32 〃	0.96		0.98		0.95		
32 〃 36 〃	0.97		0.96	0.97	0.93		
36 〃 40 〃	0.98		0.94	0.95	0.92		
40 〃 44 〃	0.99		0.92	0.93	0.91		
44 〃 48 〃	1.00		0.90	0.91	0.90		
48 〃 52 〃		0.99	0.88	0.89	0.89		

Ⅲ 相続財産の評価

[計算例2] 角 地

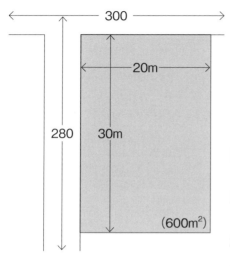

・正面路線の判定

300,000円×0.95＞280,000円×1.00

（注）路線価（奥行価格補正後）の高い方の路線が正面路線です。

正面路線価　奥行価格補正率　修正後の正面路線価
300,000円×0.95＝285,000円

側方路線価　奥行価格補正率　側方路線影響加算率　加算金額
280,000円×1.00×[0.03]＝8,400円

修正後の正面路線価　加算金額　1m²あたり評価額
285,000円＋8,400円＝293,400円

1m²あたり評価額　地積　評価額
293,400円×600m²＝176,040,000円

側方路線影響加算率表

地 区 区 分	加　算　率	
	角地の場合	準角地の場合
ビ ル 街 地 区	0.07	0.03
高 度 商 業 地 区 繁 華 街 地 区	0.10	0.05
普通商業・併用住宅地区	0.08	0.04
普 通 住 宅 地 区 中 小 工 場 地 区	[0.03]	0.02
大 工 場 地 区	0.02	0.01

57

[計算例3] 正面と裏面が道路に接する土地

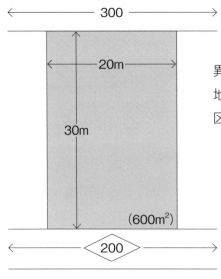

正面路線と裏面路線で地区区分が異なる場合には、正面路線の属する地区区分（左図の場合は普通住宅地区）の補正率を適用します。

　　　　　　奥行価格　修正後の
　正面路線価　補正率　正面路線価
300,000円×0.95＝285,000円

　　　　　　奥行価格　二方路線
　裏面路線価　補正率　影響加算率　加算金額
200,000円×0.95×[0.02]＝3,800円

　修正後の　　　　　　　1m²あたり
　正面路線価　加算金額　評価額
285,000円＋3,800円＝288,800円

　1m²あたり
　評価額　　　地積　　　評価額
288,800円×600m²＝173,280,000円

二方路線影響加算率表

地 区 区 分	加 算 率
ビ ル 街 地 区	0.03
高 度 商 業 地 区 繁 華 街 地 区	0.07
普通商業・併用住宅地区	0.05
普 通 住 宅 地 区 中 小 工 場 地 区 大 工 場 地 区	[0.02]

Ⅲ 相続財産の評価

[計算例4] 三方が道路に接する土地

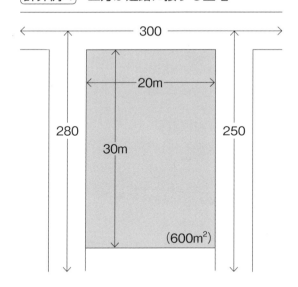

・正面路線の判定

　300,000円×0.95＞280,000円×1.00

（注） 北側を正面路線と定め、側方路線が2つの土地として積上げ計算で評価します。

　　　正面路線価　奥行価格補正率　修正後の正面路線価
　　　300,000円　×　0.95　＝　285,000円

　　　側方路線価　奥行価格補正率　側方路線影響加算率　加算金額①
　　　280,000円　×　1.00　×　0.03　＝　8,400円

　　　側方路線価　奥行価格補正率　側方路線影響加算率　加算金額②
　　　250,000円　×　1.00　×　0.03　＝　7,500円

　　　修正後の正面路線価　加算金額①　加算金額②　1m²あたり評価額
　　　285,000円　＋　8,400円　＋　7,500円　＝　300,900円

　　　1m²あたり評価額　地積　評価額
　　　300,900円　×　600m²　＝　180,540,000円

59

[計算例5] 四方が道路に接する土地

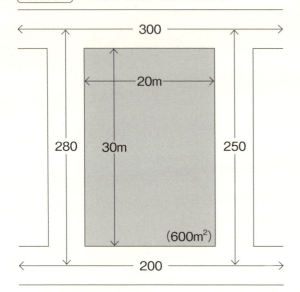

・正面路線の判定

　300,000円×0.95＞280,000円×1.00

　（注）北側を正面路線と定め、側方路線が2つ、裏面路線が1つある土地として積
　　　　上げ計算で評価します。

　　　　　　奥行価格　修正後の
　　正面路線価　補正率　正面路線価
　　300,000円×0.95＝285,000円

　　　　　　奥行価格　側方路線
　　側方路線価　補正率　影響加算率　加算金額①
　　280,000円×1.00　×　0.03　＝8,400円

　　　　　　奥行価格　側方路線
　　側方路線価　補正率　影響加算率　加算金額②
　　250,000円×1.00　×　0.03　＝7,500円

　　　　　　奥行価格　二方路線
　　裏面路線価　補正率　影響加算率　加算金額③
　　200,000円×0.95×　0.02　＝3,800円

　　修正後の　　　　　　　　　　　　　　　　1m²あたり
　　正面路線価　加算金額①　加算金額②　加算金額③　評価額
　　285,000円＋8,400円＋7,500円＋3,800円＝304,700円

　　1m²あたり
　　評価額　　地積　　評価額
　　304,700円×600m²＝182,820,000円

III 相続財産の評価

[計算例6] 間口が狭小な土地

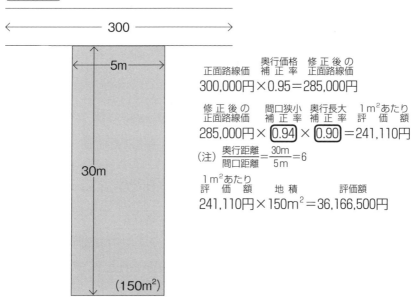

間口狭小補正率表

地区区分 間口距離 （メートル）	ビル街 地区	高度商業 地区	繁華街 地区	普通商業・ 併用住宅 地区	普通住宅 地区	中小工場 地区	大工場 地区
4未満	—	0.85	0.90	0.90	0.90	0.80	0.80
4以上　6未満	—	0.94	1.00	0.97	0.94	0.85	0.85
6 〃　　8 〃	—	0.97		1.00	0.97	0.90	0.90

奥行長大補正率表

地区区分 奥行距離 間口距離	ビル街地区	高度商業地区 繁華街地区 普通商業・ 併用住宅地区	普通住宅地区	中小工場地区	大工場地区
2以上　3未満	1.00	1.00	0.98	1.00	1.00
3 〃　　4 〃		0.99	0.96	0.99	
4 〃　　5 〃		0.98	0.94	0.98	
5 〃　　6 〃		0.96	0.92	0.96	
6 〃　　7 〃		0.94	0.90	0.94	

[計算例7] 不整形地

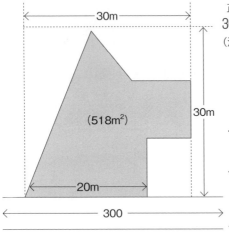

正面路線価　奥行価格　修正後の
　　　　　　補正率　正面路線価
300,000円×0.97＝291,000円

（注）奥行距離が一様でない場合は、平均的な奥行距離（地積を間口で除した数値）に応ずる奥行価格補正率を適用します。この例では、518m²÷20m＝25.9mが奥行距離となります。

・想定整形地の地積
　30m×30m＝900m²
・かげ地割合
　$\dfrac{900m^2 - 518m^2}{900m^2} = \dfrac{382m^2}{900m^2} ≒ 42.44\%$
・不整形地補正率 [0.88]（地積区分 [B]）

修正後の　　不整形地　　1m²あたり
正面路線価　　補正率　　評価額
291,000円×[0.88]＝256,080円

1m²あたり
評価額　　　地積　　　評価額
256,080円×518m²＝132,649,440円

不整形地補正率表

地区区分 / 地積区分 / かげ地割合	高度商業地区、繁華街地区、普通商業・併用住宅地区、中小工場地区 A	B	C	普通住宅地区 A	B	C
10％以上	0.99	0.99	1.00	0.98	0.99	0.99
35％ 〃	0.92	0.95	0.98	0.88	0.91	0.94
40％ 〃	0.90	0.93	0.97	0.85	[0.88]	0.92
45％ 〃	0.87	0.91	0.95	0.82	0.85	0.90

地積区分表

地区区分 \ 地積区分	A	B	C
普通住宅地区	500m²未満	500m²以上 750m²未満	750m²以上

計算例8 がけ地

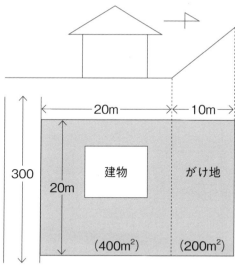

正面路線価　奥行価格補正率　修正後の正面路線価
300,000円 × 0.95 = 285,000円

がけ地地積　総地積
200m² ÷ 600m² ≒ 0.33

修正後の正面路線価　がけ地補正率　1m²あたり評価額
285,000円 × 0.88 = 250,800円

（注）図のがけ地は、南向き（南下がり）の土地なので、「南」の補正率を適用します。

1m²あたり評価額　地積　評価額
250,800円 × 600m² = 150,480,000円

がけ地補正率表

がけ地の方位 がけ地地積／総地積	南	東	西	北
0.10以上	0.96	0.95	0.94	0.93
0.20 〃	0.92	0.91	0.90	0.88
0.30 〃	0.88	0.87	0.86	0.83
0.40 〃	0.85	0.84	0.82	0.78

計算例9　地積規模の大きな土地

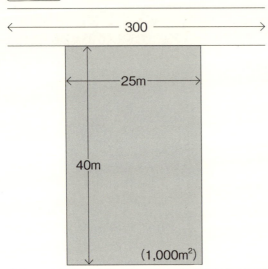

（注）三大都市圏に所在する宅地で、規模格差補正率の適用要件を満たしています。

$$\underset{\text{路線価}}{300,000円} \times \underset{\substack{\text{奥行価格}\\\text{補正率}}}{0.91} \times \underset{\substack{\text{規模格差}\\\text{補正率}}}{0.78^{※}} \times \underset{\text{地積}}{1,000m^2} = \underset{\text{評価額}}{212,940,000円}$$

$$※ \frac{1,000m^2 \times 0.90(Ⓑ) + 75m^2(Ⓒ)}{1,000m^2} \times 0.8 = 0.78$$

規模格差補正率表

①三大都市圏に所在する宅地

地積 ＼ 地区区分 記号	普通商業・併用住宅地区、普通住宅地区 Ⓑ	Ⓒ
500m²以上　1,000m²未満	0.95	25m²
1,000m²以上　3,000m²未満	0.90	75m²
3,000m²以上　5,000m²未満	0.85	225m²
5,000m²以上	0.80	475m²

Ⅲ　相続財産の評価

（4）マンション敷地には奥行価格補正率の適用

　土地評価の要諦は、いかに評価を落とすかにあります。角地加算や二方路線加算により評価アップのケースもありますが、奥行距離、間口距離、不整形の度合いに応じて、いかほど評価額を減額できるかに意識を集中させましょう。

　普通住宅地区なら、奥行距離が10メートル以上24メートル未満は補正率が『1.00』（P.50の奥行価格補正率表を参照）で、それ以上または未満なら最高『0.80』の減額補正があります。単純に接道路線の路線価をそのまま適用するだけでなく、何か評価引下げ要因がないか、知恵を絞ることが肝要です。

　たとえばマンションの敷地です。マンションの１室が相続財産のときも、まずは敷地全体を評価し、そこに敷地権の所有割合を乗じた金額が、その部屋の土地評価額です。そこそこの規模のマンション敷地なら、奥行き距離が24メートル以上あるでしょう。大規模マンションなら数十メートルあって、0.90未満の数値の補正率が適用され、１割以上の減額となることも珍しくありません。

（5）さらに評価減される可能性もある

　マンション敷地が全体で500m²以上あるとき、「規模格差補正率」（P.55参照）が適用できれば、さらに評価が下がります。地積基準（三大都市圏500m²以上、その他の地域1,000m²以上）以外にもいくつか要件がありますが、まず地区区分の制約に関しては、マンションは通常“普通住宅地区”または“普通商業・併用住宅地区”に建てられているのでOKでしょう。

　気をつけなければないのが、容積率（建物の延べ床面積の敷地面積に対する割合）の基準です。「指定容積率」が400％（東京都の特別区内は300％）以上の地域では、規模格差補正率を適用できません。

（注）　建築基準法第52条には、指定容積率（第1項）以外に基準容積率（第2項）も規定

されており、ここで問題となるのは前者です。

したがって、タワーマンションの敷地は基準を上回り対象外となりますが、中低層マンションであれば通常、適用可能だと思われます。

(6) 私道は30％または0評価

また、所有地の中に"私道"があるとき、それをそのまま路線価で評価することはありません。その部分だけ切り離して、評価の引下げを検討すべきです。一般に私道は、通常の路線価評価額の30％相当額で評価することとされています。さらに、不特定多数の人が通行する（通り抜けのできる）私道は、『0』評価でOKです。固定資産税評価額が0となっている土地は、何か特別な事情がない限り、相続税評価額も0になると思われます。

(7) 私道に面した土地は仮路線価で計算

ここで、公道に接続せず私道に面している、次のような土地をいかに評価するかを考えます。

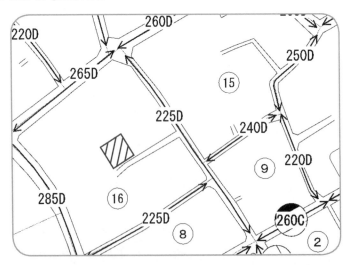

まず、私道自体の評価額は路線価225千円をベースに、奥行価格補正、間口狭小補正、奥行長大補正を加味した金額の30％相当額となります。

Ⅲ 相続財産の評価

　次に、私道に面している土地の評価のしかたです。正攻法でいけば、路線価225千円に基づき、無道路地（道路に接しない土地）として計算することが考えられます。しかし、その計算はかなり煩雑で、税務知識のない一般の方には理解が困難です。そこで、簡便法として税務署に申し出て、その私道に仮路線価（正式には「特定路線価」といいます。）を設定してもらうやり方があります。

　「特定路線価設定申出書」という書式が用意されています（国税庁ホームページでダウンロード可）。その用紙に必要事項を記入して申し出れば、１か月ぐらいで回答が送付されます。そこには路線価225千円をいくらか減額した数値が記されているはずです。

（8）路線価がなければ固定資産税評価額を使う

　ところで現実問題として、全国津々浦々まですべての道路に値段がついている、というわけではありません。路線価が設けてあるのは都会とその周辺部だけ――これで計算できる土地は一部です。

　そこで、路線価のない土地を評価するときは、これに代わるものとして「固定資産税評価額」を使います。こちらは各自治体が固定資産税を徴収するため、北は北海道から南は沖縄まで、地番ごとすべての土地を対象にしています。

　ただし、固定資産税評価額は路線価より低い水準で設定してあります。宅地なら、先に述べたように公示価格に対して路線価は８割、固定資産税評価額が７割程度の水準です。農地や山林となると、ただ同然の評価というものも珍しくありません。

　そこで相続財産としての評価の際は、その評価額を何倍かし、この評価方法を「倍率方式」と呼びます。何倍にするか、これは税務署単位で地域ごとに決められていて、「評価倍率表」という冊子に載っています。

（9）倍率方式は簡単

　次の評価倍率表は、○○税務署管内の○○市の倍率を示すページです。

67

〈評価倍率表〉

音順	町（丁目）又は大字名	適　用　地　域　名	借地権割合	固定資産税評価額に乗ずる倍率等						
				宅地	田	畑	山林	原野	牧場	池沼
い	池島町1～2丁目	市街化区域	％ —	路線	比準	比準	比準	比準		
	池島町3～4丁目	市街化区域	—	路線	比準	比準	比準	比準		
		市街化調整区域								
		1　路線価地域	—	路線	中44	中54	—	—		
		2　上記以外の地域	50	1.2	中44	中54	—	—		
	池島町5～7丁目	市街化調整区域								
		1　路線価地域	—	路線	中42	中49	—	—		
		2　上記以外の地域	50	1.2	中42	中49	—	—		

　たとえば、池島町3丁目にある市街化調整区域中、路線価地域以外の地域にある宅地で、固定資産税評価額が3,000万円だとすれば、相続税評価額はこういう計算で求めます。

　　3,000万円×1.2＝3,600万円

　路線価方式のように、土地の形状に応じた修正は不要です。奥行長大や間口狭小の要素は固定資産税評価額に織込みずみという前提ですから、路線価方式と比べて計算はうんと楽です。

　市役所などで評価証明書の発行を受け、評価倍率表から倍率をピックアップして掛け合わせる、それだけの作業です。わざわざ評価証明書を取りに行かなくとも、毎年4～5月ごろに送られてくる納税通知書にも評価額は記載されているはず。それを使ってももちろん構いません。

（10）課税標準額と評価額は違う

　なお、納税通知書を使う際の注意点を一つ。固定資産税の税額計算の基になるのは、評価額ではなく"課税標準額"です。評価額と同額の場合もありますが、そうとばかりは限りません。

　たとえば、住宅用地は固定資産税が軽減されます。課税標準額（税率を掛ける対象金額）は次のように大幅に引き下げられています。

Ⅲ 相続財産の評価

・200m² 以下の部分……評価額 × $\frac{1}{6}$

・200m² 超の部分………評価額 × $\frac{1}{3}$

　納税通知書から評価額を引っ張り出すとき、課税標準額と評価額を間違えないよう、くれぐれもお気をつけください。

(11) 途切れた道路地図

　評価倍率表の見方の話に戻ります。先ほどの○○市の表で、池島町の市街化区域の宅地部分に、"路線"と書かれてますね。これは路線価図に記載がある、つまり路線価が設定してある地域だという意味です。

　つまり、土地を評価するときは順序として、まず評価倍率表で路線価があるかどうかを確かめ、次に路線価図を開く、これが正式なやり方です。東京都内や大阪市内などはすべて路線価が設定されています。だけど郊外へ出るとそうではありません。路線価図で探しても、設定のない地域は記載がありません。

　ある人が、道路地図の代わりに路線価図を持ってドライブに出かけたとか。ある場所まで来ると、そこから先、地図が途切れている。道に迷って散々な目に会いましたが、つまり、その先の地域には路線価が設定されていなかったということです。ドライブの折は、やはり普通の道路地図をお買い求めいただくのが

69

よろしいようです。

> **● この節のまとめ ●**
>
> ●相続・贈与の際に使う路線価は「路線価図」に掲載されています。
> ●詳細な道路地図で、道路ごとに1m²ごと千円単位の金額が付されています。
> ●路線価方式で評価する際、住宅地区、商業地区等の地区区分が問題となります。
> ●地区区分ごとに、奥行価格補正率、側方路線影響加算率、二方路線影響加算率、間口狭小補正率、奥行長大補正率などが与えられ、各補正率を使って路線価の数字を増額・減額します。
> →奥行距離の長い土地（マンション敷地等）は、通常の路線価よりも評価が下がります。
> →角地や表裏が道路に面している土地は、評価が上がります。
> ●路線価が設定されていない土地（郊外や田舎の土地）は倍率方式で計算します。
> →倍率方式は固定資産税評価額に一定倍率を乗じて計算し、その倍率は「評価倍率表」に示されています。

3 　土地評価の応用編

（1）貸地や貸家建付地をどう評価する

　土地の評価で奥行逓減や角地加算の補正をしても、評価額はせいぜい数パーセント増減するだけです。がけ地補正や不整形地補正についてもしかり。苦労して計算するわりには、実りの少ない話です。

　もとより、税務署に相続税や贈与税の申告をする際は、各種の補正率を使い正確に計算しなければなりません。だけど、相続対策のため税額の試算をする際に、果たしてそこまで細かい計算が必要か、大いに疑問

です。

　土地評価を行うときには、そういうささいな誤差にこだわるよりも、もっと大事な問題があります。貸地、貸家建付地、借地権、貸家建付借地権、転借権、転貸借地権……。こうした財産をいかに評価するか、これこそが土地評価の話の核心部分です。一つずつ詳しく説明していきましょう。

(2) 貸地の評価

　賃貸借で土地を貸せば、借り手には土地を自由に使う権利（借地権）が生まれます。ということは、貸し手（地主）にすればその分、財産権に制約を受けます。その土地を自分で利用することはできず、処分（売却）もできない。こうなるともはや、自分の財産であって自分のものにあらず、貸す前と比べて財産価値は大いに目減りしてしまいます。

　目減り後の財産価値をいかに評価するか、「貸地」の価額は次の算式で計算します。

　　　貸地の価額＝自用地価額×（1－借地権割合）

　計算してみよう

(前提条件)
・土地の自用地価額……… 1億円
・その土地の借地権割合……70％

〈計算〉
　　　　自用地価額　　　　　　　　貸地の価額
　　　1億円×（1－0.7）＝3,000万円

ここで、借地権割合をどこから引っ張り出してくるかですが、それは簡単な話です。評価倍率表あるいは路線価図に記されていますから。

　先ほどの○○市の評価倍率表を、もう一度ご覧ください（P.68参照）。ちょうど真中の欄に「借地権割合」が載っていますね。あるいは、路線価図なら路線価の数字の右側に、CやDのアルファベットが記載してあ

り、この記号が次のように借地権割合を示しています(路線価図の各ページの上部欄外に記載あり)。

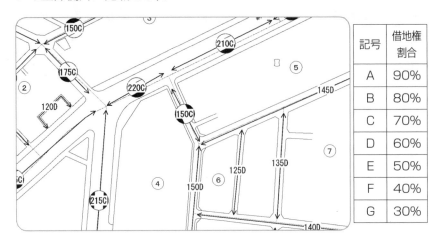

(3) 貸家建付地の評価

貸家の建っている土地のことを「貸家建付地」といいます。貸地と似ていますが、建物とその敷地の名義が異なれば貸地、両方の名義が同じで建物を他人に貸し付けるのが貸家建付地、という違いです。

言いかえれば土地と建物、どちらを貸しているかの違いでもあります。"地代収入"なら貸地、"家賃収入"を得ている土地なら貸家建付地、と考えればいいでしょうね。

貸家建付地の価額はこういう計算で求めます。

貸家建付地の価額＝自用地価額－(自用地価額×借地権割合×借家権割合)

Ⅲ 相続財産の評価

 計算してみよう

（前提条件）
- 土地の自用地価額……………………… 1億円
- その土地の借地権割合………………………70%
- その借地上にある家屋の借家権割合……30%

〈計算〉
　　自用地価額　　　　　　　　　　　　　貸家建付地の価額
　　1億円－（1億円×0.7×0.3）＝7,900万円

（注）"借家権割合"は評価倍率表に記載されており、日本全国どこでも『30%』です。

　ここで、貸家建付地の計算にどうして借地権割合がからむのか、と思われることでしょう。貸すのは建物であって土地じゃない、借家権はともかく借地権は関係ないじゃないか、という疑問ですね。

　こう考えてください。直接貸し付けているのは建物だけれど、建物を貸せばその敷地も権利に制約を受けます。入居者がいる間は、その土地を売りたくても売れないことだし……。そうした事情を考慮して、借地権割合と借家権割合を掛け合わせた金額分だけ評価を下げる、という扱いになっています。

（4）貸家建付借地権の評価

　貸家建付借地権といわれても、？？という感じかもしれませんね。でも、相続税対策にからんで世の中こういう土地はけっこうあります。

　個人の地主さんが土地をもっていて、そのままでは相続税が大変だからと、同族会社を作ってその土地を会社に貸し付ける。そこに会社名義で賃貸マンションを建てる。そうすると会社に借地権が発生して、土地の評価が貸地としての評価額に下がる。

　古典的な相続税対策の手法として、よくある話ですね。その場合、土地はいいとして"株式"の評価がどうなるかです。詳細は後で説明しますが、株式の評価方法のひとつに、会社の財産をすべて時価で評価しこ

れを発行済み株式数で割るというやり方(純資産価額方式)があります。

その際、会社がもつ借地権をどのように評価するのか。たとえば借地権割合が70パーセントのとき、その割合を自用地評価額に掛けるだけでいいかといえば、そうとは限りません。事務所や工場の敷地として、会社自身がその土地を使っているならそういう計算ですが、賃貸マンションとなると話が違ってきます。

ここで"貸家の建っている借地権"、つまり「貸家建付借地権」の評価問題が生じます。

貸家建付借地権の価額はこういう計算で求めます。

貸家建付借地権の価額
　＝(自用地価額×借地権割合)−(自用地価額×借地権割合×借家権割合)
　＝借地権価額−(自用地価額×借地権割合×借家権割合)
　＝借地権価額−(借地権価額×借家権割合)

貸家建付地の計算式とよく似ていますから、両者を比較した計算例を示しましょう。

計算してみよう

(前提条件)
・宅地の自用地価額‥‥‥‥‥‥‥‥‥‥‥‥‥　1億円
・その宅地の借地権割合‥‥‥‥‥‥‥‥‥‥‥70％
・その借地上にある家屋の借家権割合‥‥‥30％

〈計算〉

　　　　自用地価額　　　　　　　　　　　　　　貸家建付地の価額
　　　１億円－（１億円×0.7×0.3）＝7,900万円

　　　自用地価額　　　　　　　　　　　　　　　　貸家建付借地権の価額
　　　１億円×0.7－（１億円×0.7×0.3）＝4,900万円

　両者の比較を、別の姿で示しましょう。まず、貸家建付地の場合です。いま、土地と建物がAの名義で、建物をBに賃貸しているとしましょう。このとき、A、Bの2人の土地に対する権利関係は次のとおりです。

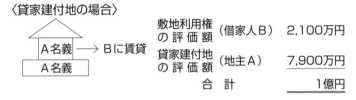

　地主Aが所有する敷地の評価額は7,900万円。そこに借家人Bのもつ敷地利用権2,100万円が加わり、2人分合計で自用地評価額の1億円になります。

　次に、貸家建付借地権に関する計算はこうなります。Aの土地をBが借りてB名義の建物を建て、それをCに賃貸する。このときA、B、Cの3人は、土地に対してそれぞれ次のように権利を持ちます。

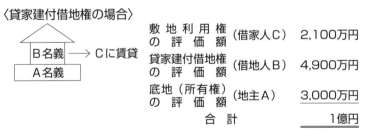

　この場合も、3人分合わせて自用地評価額の1億円、という計算に変わりはありません。

（5）転借権と転貸借地権の評価

地主AがBに土地を貸し、さらにBがCへ又貸しする、というケースがあります。このときBが借地人、Cは転借人で、それぞれがもつ土地に対する権利のことを「転貸借地権」および「転借権」といいます。

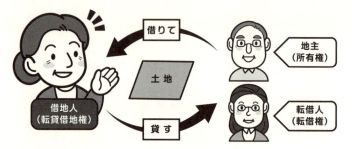

これらの権利は、次のように評価します。

　　転借権の価額＝自用地価額×借地権割合×借地権割合

　　転貸借地権の価額＝借地権価額－転借権価額

転借人とは、誰かが借りてる土地を再度借りる人。2回賃借するからその権利（転借権）は、借地権割合を2回掛けて求める、こう考えれば理にかなった計算式ですね。

また、転貸人と転借人の2人の権利を合計すれば通常の借地権価額になる、というのが転貸借地権の計算式の根拠です。

 **計算してみよう**

（前提条件）
- ・土地の自用地価額………………………… 1億円
- ・その土地の借地権割合……………………70％

〈計算〉

　　　自用地価額　　　　　転借権の価額
　　1億円×0.7×0.7＝4,900万円

　　　自用地価額　　　　　　　　転貸借地権の価額
　　1億円×0.7－4,900万円＝2,100万円

III 相続財産の評価

（前提条件）

甲は乙から土地を賃借し（半分は丙からの転借による）、そこにビルを建築して自らの事業に使用しています。乙と丙が所有する土地の自用地価額はそれぞれ5,000万円、その地域の借地権割合は70％です。

（注）B地は乙が丙から借り受けて甲に転貸しています。

〈計算〉

甲、乙、丙が有する権利は、それぞれ次のとおりです。

・甲……A地の借地権とB地の転借権
・乙……A地の底地権（所有権）とB地の転貸借地権
・丙……B地の底地権（所有権）

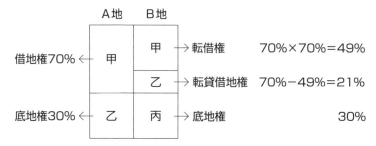

（甲の相続財産）

A 地 の 借 地 権：5,000万円×70％　　　＝3,500万円
B 地 の 転 借 権：5,000万円×70％×70％＝2,450万円
　　　　　　　　　　　　　　　合　計　5,950万円…①

77

（乙の相続財産）

A 地 の 底 地 権：5,000万円×30%　　　=1,500万円

B地の転貸借地権：3,500万円-2,450万円 =1,050万円

合　計　2,550万円‥‥②

（丙の相続財産）

B 地 の 底 地 権：5,000万円×30%=1,500万円‥‥‥‥‥③

①+②+③=1億円

● この節のまとめ ●

●貸地は、「自用地価額×（1-借地権割合）」と計算します。

　→借地権相当額だけ評価が下がります。

●各地域の借地権割合は、路線価図または評価倍率表に書かれています。

●貸家建付地（貸家の建っている土地）は、「自用地価額-（自用地価額×借地権割合×借家権割合）」と計算します。

　→借地権割合と借家権割合を掛け合わせた金額分だけ評価が下がります。

●借家権割合は、日本全国で一律30%とされています。

●貸家建付借地権（貸家の建っている借地）は、「借地権価額-（借地権価額×借家権割合）」と計算します。

　→通常の借地権価額よりも評価が一定額下がります。

●転借権（又借りで借りている借地）は、「自用地価額×借地権割合×借地権割合」と計算します。

　→又借りなので借地権割合を2回乗じます。

●転貸借地権（又貸ししている借地）は、「借地権価額-転借権価額」と計算します。

　→転貸人と転借人の2人の権利を合計すれば通常の借地権価額となります。

4 賃貸マンションの評価

(1) 敷地も建物も通常より低い評価

空き地や駐車場に賃貸マンションを建てれば相続税対策になる、とよくいわれます。これは空き地や駐車場は自用地としてまるまるの時価(更地価額)で評価されますが、マンションを建てることで敷地は「貸家建付地」、建物は「貸家」として次のように低く評価されるためです。

〈敷地〉

貸家建付地は、「借地権割合」と「借家権割合」を掛けた割合分だけ、自用地より評価が下がります。

たとえば、借地権割合が70%、借家権割合が30%の地域にある時価1億円の空き地にマンションを建てると、70%×30%=21%分だけ評価が下がり、その土地は7,900万円の評価額ですみます。

$$\underset{\text{自用地の価額}}{1億円} \times (1-70\% \times 30\%) = \underset{\text{貸家建付地の価額}}{7,900万円}$$

〈建物〉

建築価格の6～7割の水準で評価した固定資産税評価額から、さらに借家権割合分だけ評価を下げることができます。

たとえば、1億円で建てたマンションの相続税評価額は、次の計算により建築価格の半値以下となります。

$$\underset{\text{自用家屋の価額}}{1億円 \times (0.6～0.7)} \times (1 - \underset{\text{借家権割合}}{30\%}) = \underset{\text{貸家の価額}}{4,200～4,900万円}$$

（2）土地と建物が同一名義なら貸家建付地

　この評価上のメリットを受けられるかどうかは、マンション（建物）の名義がポイントです。貸家建付地の評価は、敷地と建物の名義が一致していなければダメ。夫名義の土地ならマンションは夫名義で建てるべきです。妻や子供の名義にしてしまうと、敷地は更地価額で評価されるため相続税対策になりません（建物は貸家として評価されます）。

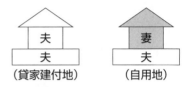

（3）建物の名義を敷地所有者に変えれば評価減

　このことは、従来からある賃貸マンションの評価引下げに応用できます。つまり、敷地が夫、建物が妻の所有のとき、建物の名義を妻から夫に変えれ

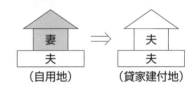

ば、敷地は更地から貸家建付地となり、評価引下げの可能性が生じます。

　世の中、敷地と建物の名義が食い違っている賃貸不動産がときどきあります。それは建てるときに毎年の所得税のことを考えて、そのようにしたのだと思われます。夫にはすでに不動産所得がたくさんあって、これ以上家賃収入が増えるのは困る。そこで所得の分散を図るため、妻や子供の名義にしたというケースです。

（4）建物名義の変更が相続税対策

　ひと昔前は、たしかに所得税の負担が大変でした。昭和の時代、所得税の最高税率は70％とすさまじい状況でした。しかし、平成元年の消費税導入により所得税は減税されてきました（現在は最高45％）。いまのご時世で、資産家の人にとって大変なのは、むしろ相続税の負担です。

　かつては所得税対策を考えましたが、いまは相続税対策に切り替えなければならない方が大勢いらっしゃいます。建物の名義さえ変えれば敷地の評価引下げにつながるのですから、このやり方も相続税対策として

III 相続財産の評価

一考に値します。

　名義切替えの方法は、一般に"贈与"または"売買"です。古い建物なら評価額も下がっていることでしょう。一度に贈与するのが無理なら、数年に分けてもかまいません。

　なお、このやり方の弱点は、収益物件を夫名義に戻すと、その後は家賃収入が夫に入る点です。不動産の評価は下がりますが、逆に現金預金がふくらんでいきます。長い年月が経過すれば、金融資産の増加が不動産の評価減を上回ることになりかねません。そうならないよう、その金融資産を贈与等により夫から切り離すことを、別途考えなければなりません。

(5) 会社名義で建てても対策にならない

　ついでの話ですが、賃貸マンションを建てる際に、もうひとつ"会社方式"があります。同族会社を作って(あるいは従来からある会社を使って)、その会社にマンションを建てさせるというやり方です。

　敷地を会社に賃貸し、「借地権」を発生させて貸地の評価に落とすという戦法ですが、貸し借りの前提として会社はまず"権利金"を支払わなければなりません。権利金は更地価額に対する借地権割合相当額で、たとえば時価1億円、借地権割合70％の土地なら、1億円×70％＝7,000万円と多額のお金のやり取りを要求されます。

　これを無視して土地の賃貸借を強行すると、会社が借地権の贈与を受けたとみなされ、法人税の課税問題が生じます。そこでこの課税を回避するため一般に、"相当の地代"方式で借地権を自然発生させるのですが、このやり方は地価の上昇を前提としています。急激な地価上昇の時代(昭和の終わりから平成初期のバブル時代)には"自然発生借地権"という言葉と共に、このやり方が大流行しました。しかし、バブルがはじけて地価の下落が始まるとこのやり方は全く通用せず、自然発生借地権とい

う用語も今や死語となりました。

　現在、地価は横ばい状態です。都心部では一部、ミニバブルで上昇している地域もありますが、もはやこの古典的なやり方が復活することはないでしょう。したがって、個人の所有地に会社名義でマンションを建てるのは、現在は有効な相続税対策とはいえません（借地権課税については Ⅴ で詳しく説明します。）。

この節のまとめ

●マンション建築で、土地は「貸家建付地」、建物は「貸家」の評価となります。
●貸家建付地（貸家の建っている土地）は、「自用地価額−（自用地価額×借地権割合×借家権割合）」と計算します。
　→借地権割合と借家権割合を掛け合わせた金額分だけ評価が下がります。
●建物は固定資産税評価額（建築価格の6〜7割の水準）で評価します。
　→賃貸すればさらに借家権割合分だけ評価が下がります。
●貸家建付地評価となるのは、土地・建物の名義が同一である場合だけです。
●建物名義が土地所有者と異なるときは、相続税対策のため建物の名義変更をしましょう。
●会社名義で建てるときは、借地権課税に要注意です。

5　上場株式の評価はどうする

（1）株式相場で評価

　上場銘柄の株式には相場があり、日刊紙の朝刊に前日の終値が載っています。証券会社に売り注文を出せばこの値段で売れるわけで、これこ

そ確実な時価といえます。そこで相続や贈与があったときも、原則としてこの価格で評価します。

　とはいえ、相続の日つまり死亡の日に、たまたま相場が異常につりあがっている場合、その日の相場をそのまま適用するというのも気の毒な話です。そこで相続、贈与のいずれのときも、次の4つの株価のうち最も低い金額で評価することになっています。

　　① 相続（贈与）の日の終値
　　② 相続（贈与）のあった月の平均株価
　　③ 相続（贈与）のあった前月の平均株価
　　④ 相続（贈与）のあった前々月の平均株価

計算してみよう

　相続（贈与）の日が10月20日で、株価は次のとおりです。

　　① 10月20日の終値　　　　　　1,800円
　　② 10月中の終値の月平均額　　　1,900円
　　③ 9月中の終値の月平均額　　　1,600円
　　④ 8月中の終値の月平均額　　　1,500円

　この場合、相続税（贈与税）の課税価格は、④の1,500円です。

（2）平均株価の資料もそろっている

　毎日の終値は日刊紙に載っています。毎月の平均株価、これも自分で計算する必要なんてありません。正確には毎日の終値の月平均株価ですが、これは「日本証券新聞」や日本取引所グループが発行する「統計月報」に掲載されています。また、同グループのホームページに「月間相場表」として掲載されています。あるいは、税務署へ出向かれるのもいいでしょう。すべて資料はそろっていて、自由に閲覧できます。

（3）株式には配当がつきもの

　あと、細かい話ですが、株式の相続には"配当期待権"なるものがつ

きまといます。妙な名前ですが、これもれっきとした相続財産の端くれです。

　どういうことかといえば、上場企業はほとんどが3月末決算です。そうすると、たいてい6月下旬に株主総会があって、その直後に配当金をもらうことになります。この配当を受け取る権利を、相続財産として認識するという話です。

　具体的には、3月末以前にはこの権利はなく、4月1日以降に相続が起きれば株式にこの権利が付着しています。さしずめ景品、おまけといったところでしょうか。

　つまり、4、5、6月に相続があった場合に、この配当期待権が問題となります。もちろん、無配の会社は関係ありませんが、結果として相続後に配当を受け取ったときは、しかるべく計算して相続財産に計上しなければなりません。

　なお、細かい話で恐縮ですが、配当金額は6月下旬の株主総会で確定します。そこで、総会日から7月初旬の入金日までの間に相続が発生したとき、その配当金は配当期待権ではなく"未収金"として相続財産に計上することになります。

（4）中間配当も同様

　中間配当でも同じことが問題となります。3月決算の会社なら、9月中間期に配当が支払われることがあります。この場合も、10月以降に株式を相続し、その後中間配当をもらったのなら、その分は相続財産になります。

　本配当、中間配当のいずれも、支払額から20.315％の税率で所得税・復興特別所得税・住民税が源泉徴収されます。当然のことながら、相続財産としての評価額は税引き後の手取り額によります。

Ⅲ　相続財産の評価

● **この節のまとめ** ●

● 上場株式は、次の４つのうち最も低い株価で評価します。
　①相続日の終値、②相続月の平均株価、③相続前月の平均株価、
　④相続前々月の平均株価
● 月平均株価は公表されており、インターネットでも入手できます。
● 相続発生時期によっては、相続財産として "配当期待権" が生
　じます。
● 未収配当金等の計上額は税引き後の手取り額です。

6　自社株の評価はどうする

（1）会社規模に応じて各種の評価方式

　上場株式と比べて、取引相場のない株式の評価にはいろいろ厄介な問
題があります。まず、ひと口に非上場の会社といっても、規模はピンか
らキリまで。街の八百屋さん、魚屋さんでも会社組織のところもあれば、
上場企業に匹敵するくらいの、なかにはそこそこの上場企業よりずっと
大きいけれど、何らかの理由で上場はしていないという会社もけっこう
あります。

　そうした会社の株式を、十把ひとからげに同じ方法で評価するのはお
かしい。そこで、会社規模を大・中・小の３つに分けて、それぞれ次の
ように評価することとしています。

　①　上場会社に匹敵するような "大会社" の株式は、上場会社の株価
　　に基づいた「類似業種比準価額」で評価します。

　②　個人営業と変わらない "小会社" の株式は、個人事業者の財産評
　　価との均衡上、「純資産価額」で評価します。

　③　大会社と小会社の間の "中会社" の株式は、上記①と②の２つの
　　価額をミックスして評価します。

85

（２）持ち株が僅かなら株価は安い

　取引相場のない株式（自社株）の評価は高い、とよくいわれますが、それはオーナー一族に属する人にとっての話です。従業員などわずかな株数しか持っていない人にとって、そういう株式の保有にメリットは感じられません。そうした零細株主にとっての株価は、配当金額に基づいて別途、計算することになっています。

　さらに、オーナー一族が保有する株式についても、株価がつりあがらないよう選択方式が認められています。

　以上の株式評価のあらましをまとめると、次のとおりです。

〈取引相場のない株式の評価方法〉

	原則的評価方式	特例的評価方式
大会社	類似業種比準方式 （純資産価額方式の選択可）	配当還元方式 （原則的評価方式による 評価額で頭打ち）
中会社	類似業種比準方式と純資産価額方式の併用方式 （純資産価額方式の選択可）
小会社	純資産価額方式 （併用方式の選択可）

（３）配当還元方式の計算はどうする

　僅かな株数しか持っていない人にとって、株式保有のメリットは通常、配当が入ることだけでしょう。高率配当なら値打ちのある株式だけれど、無配株なんて紙切れ同然。こうした観点から株式を評価するのが「配当還元方式」で、次の算式により計算します。

$$配当還元価額 = \frac{年配当金額}{10\%} \times \frac{1株あたり資本金等の額}{50円}$$

（注1）　資本金等の額とは、資本金に資本準備金等をプラスした金額をいいます。

（注2）　年配当金額 $= \dfrac{\dfrac{直前期末以前2}{年間の配当金額}}{2} \div 50円換算株式数（直前期末の資本金等の額÷50円）$

（注3）　1株あたり資本金等の額＝直前期末の資本金等の額÷発行済株式数

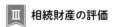

計算してみよう

（前提条件）

① 直前期末の資本金等　　　　　　　5,000万円
② 直前期末の発行済株式数　　　　　100,000株
③ 直前期末以前2年間の配当金額
　・直　前　期　　500万円
　・直前期の前期　750万円

〈計算〉

（1株あたり資本金等の額）

　5,000万円÷100,000株＝500円

（50円換算株式数）

　5,000万円÷50円＝1,000,000株

（年配当金額の計算）

$$\frac{(500万円＋750万円)÷2}{1,000,000株}＝6円25銭$$

（配当還元価額の計算）

$$\frac{6円25銭}{10\%}×\frac{500円}{50円}＝625円$$

参考までに、上記の計算式を変形すればこうなります。

$$\frac{年配当金額}{10\%}×\frac{1株あたり資本金等の額}{50円}$$

$$＝1株あたり資本金等の額×\frac{年配当金額÷50円}{10\%}$$

$$＝1株あたり資本金等の額×\frac{配当率}{10\%}$$

　つまりこの計算は、年1割配当している会社を標準とみて、1割配当の会社の株価を1株あたりの資本金等の額（通常は旧額面金額）で評価する、という考え方にたっています。

たとえば、旧額面500円の会社で1割配当なら株価は500円、2割配当は1,000円、5分配当が250円といった具合です。

　この配当還元方式の計算で、もう一つ頭に入れておくべきは、年配当率が5％未満のときは1株あたり資本金等の額の2分の1で評価することになっている点です。つまり、無配の株式なら計算上は株価がゼロとなりますが、その場合は250円（旧額面500円のとき）で評価します。

　なお、特例的評価の配当還元方式で計算した株価が、原則的評価（類似業種比準方式や純資産価額方式）による株価よりも高いときは、原則的評価方式により計算します。

〈配当還元方式のポイント〉

> ①　評価額＝1株あたり資本金等×配当率÷0.1
>
> ②　1割配当で旧額面評価
>
> ③　最低、旧額面の$\frac{1}{2}$で評価

（4）会社規模の判定方法

　さて、話をオーナー一族にとっての高い株価に戻します。自社株には会社の規模に応じていろんな評価方法がある、ということでした。会社規模は次のようにして判定します。

〈会社規模の判定表〉

①　従業員が70人以上いれば大会社です。

②　従業員が70人未満のときは、次によります。

　（注）　それぞれの表で該当する上位の規模と判定します。

Ⅲ 相続財産の評価

(a) 卸売業の場合

総資産価額および従業員数 ＼ 取引金額	2億円未満	2億円以上 3.5億円未満	3.5億円以上 7億円未満	7億円以上 30億円未満	30億円以上
7,000万円未満 または5人以下	小会社	中会社の「小」（L＝0.6）	中会社の「中」（L＝0.75）	中会社の「大」（L＝0.9）	大会社
7,000万円以上 （5人以下を除く）					
2億円以上 （20人以下を除く）					
4億円以上 （35人以下を除く）					
20億円以上 （35人以下を除く）					

(b) 小売・サービス業の場合

総資産価額および従業員数 ＼ 取引金額	6,000万円未満	6,000万円以上 2.5億円未満	2.5億円以上 5億円未満	5億円以上 20億円未満	20億円以上
4,000万円未満 または5人以下	小会社	中会社の「小」（L＝0.6）	中会社の「中」（L＝0.75）	中会社の「大」（L＝0.9）	大会社
4,000万円以上 （5人以下を除く）					
2.5億円以上 （20人以下を除く）					
5億円以上 （35人以下を除く）					
15億円以上 （35人以下を除く）					

(c) (a)・(b)以外の業種の場合

取引金額　総資産価額および従業員数	8,000万円未満	8,000万円以上2億円未満	2億円以上4億円未満	4億円以上15億円未満	15億円以上
5,000万円未満または5人以下	小会社	中会社の「小」（L＝0.6）	中会社の「中」（L＝0.75）	中会社の「大」（L＝0.9）	大会社
5,000万円以上（5人以下を除く）					
2.5億円以上（20人以下を除く）					
5億円以上（35人以下を除く）					
15億円以上（35人以下を除く）					

　会社規模の判定におけるポイントは、次のとおりです。

①　まずは「従業員数」で判定し、従業員が70人以上の規模ならそれだけで大会社に該当します。

　　→従業員数が70人未満の会社は、「取引高（売上高）」または「総資産額」により判定します。いずれかの基準でより大きい規模に該当すればそれが結論です。

②　総資産額基準には従業員数が加味されます。総資産価額がいかに大きくても、従業員数が35人以下なら大会社に該当せず、また、5人以下の会社は中会社には該当しません。

③　中会社を評価する際の"併用方式"は、次の算式で計算します。

　　類似業種比準価額×L＋純資産価額×（1－L）

　会社規模に応じて、中会社がさらに「大」「中」「小」の3つに分類され、上記の算式中"L"の割合は、それぞれ次のとおりとされます。

　　「大」0.9　　「中」0.75　　「小」0.6

④ 小会社について併用方式を適用するときは、L=0.5として計算します。

⑤ 通常、会社規模が大きい方が株価は低く算定されます。しかし、大会社や中会社で、類似業種比準価額よりも純資産価額の方が低いときは、純資産価額方式で計算することができます。

（5）類似業種比準方式の計算はどうする

〈算式〉

類似業種比準価額

$$= 類似業種の株価 \times \frac{\dfrac{評価会社の配当}{類似業種の配当} + \dfrac{評価会社の利益}{類似業種の利益} + \dfrac{評価会社の純資産}{類似業種の純資産}}{3}$$

$$\times \begin{bmatrix} 大会社0.7 \\ 中会社0.6 \\ 小会社0.5 \end{bmatrix}$$

「類似業種比準方式」は、評価会社と同じ業種の複数の上場企業をピックアップし、その平均株価をベースに、利益など3つの要素で比準して株価を求めるというやり方です。

比準するのは、"配当金額""利益金額""純資産額"の3つの要素で、上場会社の平均値は株価も含め、すべて国税庁から統計数値として公表されています。

（注）「類似業種比準価額計算上の業種目及び業種目別株価等」（法令解釈通達）というタイトルで公表され、国税庁ホームページからダウンロードできます。

◆ 計算してみよう ◆

（前提条件）

・類似業種の株価　　1,200円

・類似業種の年配当金額　　5円　・評価会社の年配当金額　　　6円

・類似業種の年利益金額　80円　・評価会社の年利益金額　100円

・類似業種の純資産価額　400円　・評価会社の純資産価額　340円

（注）　いずれも1株あたりの金額で、1株あたり資本金等の額を50円とした数値です。

〈計算〉

大会社の場合、類似業種比準価額は次の金額になります。

$$1,200円 \times \cfrac{\dfrac{6円}{5円}+\dfrac{100円}{80円}+\dfrac{340円}{400円}}{3} \times 0.7 = 924円$$

（6）純資産価額方式の計算はどうする

〈算式〉

純資産価額＝総資産価額－負債の合計額－ 評価差額に対する
法人税等相当額

〔相続税評価額で計算した金額〕

（注）　評価差額に対する法人税等相当額

＝〔相続税評価額による総資産価額 － 帳簿価額による総資産価額〕×37%

　「純資産価額」は、会社が所有する資産をすべて時価（相続税評価額）で評価し、そこから負債総額を差し引いて求めます。その際、資産の含み益に対する法人税等相当額が控除されます。

　法人税が突然登場するので、？？という感じでしょうが、こういうことです。株式を純資産価額で評価するということは、その会社をいったん清算することを想定しています。つまり、会社の財産をすべて換金して株主に還元するということです。

III 相続財産の評価

　実際に会社を清算するとなると、これまで課税対象外であった"含み益"に法人税等がかかります。法人税法にそういう取扱いがあるのなら、株価の計算にもそれを織り込んでもらいましょう。具体的には、含み益（評価差額）の『37%』相当額だけ評価を下げることになっています。

 計算してみよう

（前提条件）
- 資産の帳簿価額合計　　5,000万円
- 負債の帳簿価額合計　　3,000万円
- 資産の時価合計　　　　4億円
- 発行済株式数　　　　　2万株

〈計算〉

（評価差額の計算）

　4億円－5,000万円＝3億5,000万円

（純資産価額の計算）

　4億円－3,000万円－3億5,000万円×37％＝2億4,050万円

（1株あたりの純資産価額）

　2億4,050万円÷20,000株＝12,025円

この章のまとめ

- 非上場株式の評価方法は、会社規模、株主の立場に応じてさまざまです。
- 大会社は「類似業種比準方式」、小会社は「純資産価額方式」、中会社は2つの折衷方式で評価します。
- 大・中・小会社の区分は、従業員数・取引金額（売上高）・純資産額によります。
  - →従業員70人以上なら大会社（通常それが有利）に該当します。
- 零細株主の持ち株には「配当還元方式」が適用されます。
  - →配当還元価額は、年1割配当の会社を標準（通常は旧額面金額）とみて計算します。
- 類似業種比準価額は、配当・利益・純資産の3要素につき上場会社の数値との比較で計算します。
- 純資産価額は、時価ベースでの純資産額を計算し、そこから含み益に対する法人税等相当額（37%）を控除した金額です。

Ⅳ 小規模宅地の評価の特例

（1）200m²〜400m²まで評価減

　相続財産のうち、居住用・事業用・貸付用に使っていた土地には、評価を大幅に引き下げる特例があります。一定面積までという制約はありますが、次のように80%または50%減額されて、評価額は20%または50%相当額となります。

〈限度面積と減額割合〉

	限度面積	減額割合	評価額
居住用宅地	330m²	80%	20%
事業用宅地	400m²	80%	20%
貸付用宅地	200m²	50%	50%

（注1）　適用対象に貸付用がなく、居住用と事業用の両方の宅地があるときは、それぞれ上記面積まで適用することが可能で、合計730m²まで評価減ができます。

（注2）　適用対象に貸付用があるときは、次の算式で計算した面積が200m²に達するまで適用可能とされています。

$$（居住用 \times \frac{200}{330} + 事業用 \times \frac{200}{400} + 貸付用）\leq 200m²$$

　なお、この特例が適用される土地は、建物または構築物の敷地に限ります。人が居住するのは建物であって土地ではありません。また、露天で商いをしていてもその土地に特例の適用はありません。貸地の場合、地上に建物または構築物（他人名義でも可）がなければ適用対象とはなりません。

（2）居住用宅地は330m²まで80%評価減

　"居住用"の宅地とは、被相続人が住んでいた家の敷地ということですが、税法ではもう少し詳しく、次のように規定しています。

〈居住用宅地の範囲〉

> ① 被相続人が所有していた家屋で、被相続人または生計を一にする親族の居住の用に供されていたもの（生計一親族が居住の場合は無償で借り受けていたものに限る。）の敷地の用に供されていた宅地
> ② 被相続人の親族（生計一か別かを問わない。）が所有していた家屋で、被相続人または生計一親族の居住の用に供されていたもの（家屋所有の親族がその敷地を被相続人から無償で借り受け、かつ、被相続人または生計一親族がその家屋を借り受けていた場合には、無償で借り受けていたものに限る。）の敷地の用に供されていた宅地

　被相続人と生計を一にする親族の居住していた土地も居住用宅地に該当する、という点にご注目ください。ただし、家賃や地代を払っている場合はダメ、無償（使用貸借）で借りている場合だけOKですからご注意を。

[居住用宅地のケーススタディ]

　上記の取扱いに関し、建物（家屋）の名義が本人または親族のケースに分けて、敷地が居住用宅地に該当するかどうか具体的に説明しましょう。

［家屋の所有者が被相続人の場合］

〈ケース１〉
（土地所有者）　　（建物所有者）　　（居住者）
被相続人 ＝ 被相続人 ＝ 被相続人 ⇒ **居住用宅地**

〈ケース２〉
（土地所有者）　　（建物所有者）　　　　　（居住者）
被相続人 ＝ 被相続人 → 生計一親族 ⇒ **居住用宅地**
　　　　　　　　　　無償

〈ケース３〉
（土地所有者）　　（建物所有者）　　（居住者）
被相続人 ＝ 被相続人 → 他の者 ⇒ 貸付用宅地
　　　　　　　　　　有償

（注）他の者（生計一親族を含む）に家屋を有償で貸し付けていた場合は、被相続人の不動産貸付業に該当し、50％の評価減が適用されます。

Ⅳ　小規模宅地の評価の特例

［家屋の所有者が生計一親族の場合］

〈ケース４〉

（土地所有者）　　　　（建物所有者）　　　　（居住者）
被相続人　→　生計一親族　＝　生計一親族　⇒　**居住用宅地**
　　　　　無償

〈ケース５〉

（土地所有者）　　　　（建物所有者）　　　　（居住者）
被相続人　→　生計一親族　→　被相続人　⇒　**居住用宅地**
　　　　　無償　　　　　　　無償

（注）　土地と建物が共に使用貸借（無償）の場合のみ、居住用宅地とされます。

〈ケース６〉

（土地所有者）　　　　（建物所有者）　　　　（居住者）
被相続人　→　生計一親族　→　他の者　⇒　貸付用宅地
　　　　　無償　　　　　　　有償

〈ケース７〉

（土地所有者）　　　　（建物所有者）　　　　（居住者）
被相続人　→　生計一親族　→　他の者　⇒　貸付用宅地
　　　　　有償　　　　　　　有償・無償
　　　　　　　　　　　　　　を問わない

（注）　土地または建物のいずれかが賃貸借（有償）の場合は、被相続人の不動産貸付業に該当し、50％の評価減が適用されます。

［家屋の所有者が生計別親族の場合］

〈ケース８〉

（土地所有者）　　　　（建物所有者）　　　　（居住者）
被相続人　→　生計別親族　＝　生計別親族　⇒　評価減なし
　　　　　無償

（注）　生計別の親族が居住の用に供していた土地なので、特例は受けられません。

〈ケース９〉

（土地所有者）　　　　（建物所有者）　　　　（居住者）
被相続人　→　生計別親族　→　居住者を問わない　⇒　貸付用宅地
　　　　　有償　　　　　　　有償・無償
　　　　　　　　　　　　　　を問わない

（注）　被相続人の不動産貸付業に該当し、50％の評価減が適用されます。

〈ケース１０〉

（土地所有者）　　　　（建物所有者）　　　　（居住者）
被相続人　→　生計別親族　→　被相続人または　⇒　**居住用宅地**
　　　　　無償　　　　　　　無償　　生計一親族

（注）　土地と建物が共に使用貸借（無償）の場合のみ、居住用宅地とされます。

97

（3）店舗併用住宅や二世帯住宅はどうなるか

　店舗併用住宅やビルの一部に居住する場合は、居住部分に見合う敷地部分のみ居住用宅地とされます。実務的には、敷地面積を建物の店舗部分と居住部分の床面積比で按分計算することになるでしょう。そのうえで、居住部分相当には居住用宅地の特例、店舗部分相当には別途、事業用宅地の特例適用の可否を検討することになります。

　また、たとえば5階建てのマンションがあり、1階から4階までは賃貸、最上階の5階に居住ということなら、居住用宅地の特例が適用できるのは敷地面積のうち5分の1だけで、残り5分の4については、貸付用宅地の特例の適用を考えます。

　なお、二世帯住宅については少々ややこしい取扱いがあって、建物に区分所有の登記がされているかどうかで、結論が違ってきます。

　まず、区分所有の登記がなければ、被相続人名義の敷地は、すべて被相続人の居住用とされます。構造上区分された建物であっても、内部で行き来が可能な二世帯住宅と同様に扱われ、居住用宅地の特例を適用できます。たとえその建物に居住していたのが、生計別の親族の場合でも同様です。

　一方、区分所有の登記がされていると、そうはいきません。一般のマンションと同じで、敷地全体のうち被相続人の居住床面積に見合う部分だけが、被相続人の居住用とされます。

（4）老人ホームに入居でもOK

　被相続人または生計一親族が住んでいた家の敷地でないと特例の適用はないのですが、例外的に、相続開始時点で被相続人が住んでいなくても、適用されることがあります。それは、本人が老人ホームに入居していた場合です。

　要介護または要支援の認定を受け特別養護老人ホームや有料老人ホームに入居していた場合、入居後に他の者（生計一親族を除く）がその家

IV　小規模宅地の評価の特例

に新たに移り住んでいないことを条件に、居住用として認められます。

　なお、夫が有料老人ホーム等に入居し、妻はその家に残るような場合、妻はもともとその家に居住していたのですから居住用とされます。また、先の〈ケース4〉・〈ケース5〉（P.97）のように、生計一親族が従来から使用貸借で居住していた場合もOKです。

（5）居住用宅地でも特例適用対象は限られる

　ところで、これまで述べた "居住用宅地" に該当すれば即、80％の評価減が認められるかといえば、そうではありません。適用対象となるのは、居住用宅地のうち次の "特定居住用宅地" に限られます。

〈特定居住用宅地の範囲〉

> ①　配偶者が取得した場合
> ②　被相続人と同居していた親族が取得し、かつ、相続税の申告期限まで引き続き居住および所有している場合
> ③　配偶者や同居親族がいないときで、相続開始前3年間、自己または自己の配偶者等が所有する家屋に居住したことがない親族（いわゆる "家なき子"）が取得し、かつ、相続税の申告期限まで引き続き所有している場合
> ④　被相続人と生計を一にしていた親族が取得し、かつ、相続税の申告期限まで引き続き所有し、また、相続開始前から申告期限まで自己の居住の用に供している場合

　配偶者が相続したときは無条件で特例が適用されますが、その他の人の場合は、"同居していた" とか "居住し続ける" あるいは "所有し続ける" ことが条件となっています。

〈親族の適用要件〉

> ・同居親族………居住および所有要件
> ・家なき子………所有要件のみ
> ・生計一親族……居住および所有要件

　なお、この特例は相続人単位で適用されます。居住用宅地のうち、上

99

記の要件を満たす者が相続した部分に限り評価減ができます。たとえば、兄と弟が居住用宅地を共同で相続し、兄は要件を満たすが弟は満たさないという場合、兄が相続した部分には適用されますが、弟の相続部分には適用がありません。

(6) 平成30年度改正で家なき子節税が規制

　前ページ〈特定居住用宅地の範囲〉③（家なき子）は、借家住まいの子供が親の死亡後、実家に戻るケースを想定した取扱いです。持ち家がない子供の生活の拠点を保障するために設けられた特例措置ですが、最近これを悪用する動きが出てきました。

　もともと持ち家に住んでいた者が、この特例を無理やり適用可能な状態にするため、その家を親族（子供や兄弟姉妹など）に贈与または売却するのです。持ち家かどうかを問われるだけなので、敷地を名義変更する必要はなく、贈与（売却）するのは建物だけでこと足ります。本人はその後もその家に居住を続け、3年経過後に親の相続が発生すれば、目的達成という次第です。

　この不自然な事態は見逃しにできないということで、平成30年4月以後の相続から、前記③の適用には従来の所有継続要件に加えて、次の2つの要件が追加されました。2要件を共に満たさなければ、家なき子特例は受けられません。

| ① 相続開始前3年間、自己または配偶者および3親等内の親族、関係する同族会社の所有する家屋に居住したことがないこと　←追加 |
| ② 相続開始時に居住していた家屋を相続前に所有していないこと　←新設 |

　子供は1親等、孫と兄弟姉妹は2親等、伯父・伯母と甥・姪は3親等です。そこで、過去に自分の持ち家をこれらの者に譲りそこに借家住ま

いしている場合は、①・②の両方とも満たさないので規制を受けます。

　自分の持ち家ではなく従来からそれらの者の名義であったとしても、相続開始前３年以内に３親等内の親族が所有する家に住んでいたのなら、①の要件を満たさないため特例は適用されません。

　なお、いとこは４親等ですから、いとこ名義の家に住んでいたということなら①の要件はクリアできます。しかし、その場合でもその家がもともと自分の持ち家で、それをいとこ名義に変えたという履歴があれば、②の要件に引っかかってやはり特例は適用されません。

　さらには、親族以外の赤の他人の家を借りている場合でも、その家が過去に自分の名義であったのなら（あまり現実的ではありませんが）、これまた特例の適用はなく、今回の改正で家なき子特例の適用はかなり絞られることになりました。

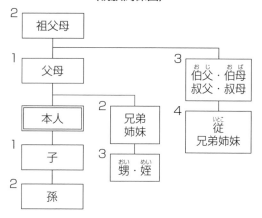

〈親族関係図〉

（7）特定居住用宅地のケーススタディ

　特定居住用宅地に該当し80％評価減ができるかどうか、具体的なケースで検討すれば次のとおりです。

〈ケース1〉

　被相続人が一人暮らしだった場合

① 　分譲マンションに居住していた子供が相続したとき

　　⇒ 　自己の所有する家屋に居住していた子供が相続した場合は評価減ができません。相続開始後に引っ越してその家屋に居住した場合もダメです。

② 　賃貸マンションに居住していた子供（家なき子）が相続したとき

　　⇒ 　相続したその宅地を申告期限まで所有し続ければ評価減ができます。たとえ、自己の所有する家屋があっても、そこに居住していなければOKです。

　　（注）　平成30年度改正で一部規制されました（本章(6)参照）。

〈ケース2〉

　被相続人が妻と2人で暮らしていた場合

① 　妻が相続したとき

　　⇒ 　無条件で評価減ができます。相続後すぐに売却してもOKです。

② 　分譲マンションに居住していた子供が相続したとき

　　⇒ 　自己の所有する家屋に居住していた親族なので評価減はできません。

③ 　賃貸マンションに居住していた子供が相続したとき

　　⇒ 　相続人の中に配偶者または同居親族がいる場合は評価減ができません。

④ 　妻と②または③の子供が共同で相続したとき

　　⇒ 　妻が相続した部分は評価減ができますが、子供が相続した部分は評価減ができません。

Ⅳ　小規模宅地の評価の特例

〈ケース３〉

　妻が先に死亡し、子供の１人が被相続人と同居していた場合

　①　同居していた子供が相続したとき

　　　⇒　申告期限まで所有し居住を継続すれば評価減ができます。

　②　同居していた子供を含め複数の子供が相続したとき

　　　⇒　同居の子供が相続した部分は所有・居住要件を満たせば評価
　　　　減ができますが、非同居の子供が相続した部分は評価減ができ
　　　　ません。

〈ケース４〉

　妻が先に死亡し老父母（相続人ではない）と同居していた場合で、賃貸マ
ンションに居住していた子供が相続し、引っ越してそこに居住した場合

　　⇒　同居親族（老父母）がいるので評価減はできません。

〈ケース５〉

　親（被相続人）が子供の居住するマンションを購入していたケースで、
そのマンションを子供が相続し居住し続ける場合

　　⇒　生計を一にしていれば、所有・居住要件を満たせば評価減がで
　　　きます。生計が別の場合は、そもそも居住用宅地に該当しないの
　　　で評価減がありません。

〈ケース６〉

　親（被相続人）名義のマンションに居住する子供（生計別）が、親の
居住していた家屋を相続し、引っ越してそこに居住する場合

　　⇒　昨年（平成29年）まで、配偶者や同居親族がいなければOK
　　　でしたが、平成30年度改正で家なき子節税が規制され、評価減
　　　ができなくなりました。

〈ケース７〉

　親（被相続人）の土地に子供が自分名義の家屋を建て居住している場
合（親の家屋は同一敷地内で別棟）

103

① 生計を一にしていたとき

⇒ 子供の家屋の敷地部分は評価減がありますが、被相続人の家屋の敷地部分には評価減はありません。なお、被相続人の同居親族が別にいて、その者が被相続人の家屋の敷地を相続した場合には、その部分につき評価減ができます。

② 生計を一にしていなかったとき

⇒ 被相続人の家屋の敷地、子供の家屋の敷地ともに評価減はありません。

〈ケース8〉

被相続人が5階建ての賃貸ビルを所有し、その5階部分に居住していた場合

⇒ 配偶者または一定の親族^(注)が相続したときは、5階部分に見合う敷地（5分の1）は居住用『80%』の評価減ですが、賃貸部分に見合う敷地（5分の4）は貸付用『50%』の評価減となります。

（注） 同居親族または生計一親族のいずれかであればOK（P.99参照）。

〈ケース9〉

親（被相続人）は老人ホームに入居し、その後に子供が引っ越して居住していた親名義の家屋を、その子供が相続し居住し続けた場合

⇒ 相続開始時点で要介護（要支援）の認定を受けており、老人ホームに入居する前から子供がその親と生計を一にしていた（親に仕送りしていた）ときは評価減ができます。生計を一にしていなかった場合は、居住用宅地に該当しないので評価減がありません。

（8）事業用宅地も評価減

次のような"事業用"^(注)の宅地についても、一定の条件を満たすものには評価減の特例が適用されます。

（注） 不動産貸付業や駐車場業等には別途、貸付用としての特例が設けられています。

Ⅳ 小規模宅地の評価の特例

〈事業用宅地の範囲〉

① 被相続人が所有していた建物で、被相続人または生計を一にする親族の事業の用に供されていたもの（生計一親族が事業を行っていた場合は無償で借り受けていたものに限る。）の敷地の用に供されていた宅地

② 被相続人の親族（生計一か別かを問わない。）が所有していた建物で、被相続人または生計一親族の事業の用に供されていたもの（建物所有の親族がその敷地を被相続人から無償で借り受け、かつ、被相続人または生計一親族がその建物を借り受けていたときは、無償で借り受けていたものに限る。）の敷地の用に供されていた宅地

居住用宅地の場合と同様、被相続人と生計を一にする親族が事業をしていた土地も適用対象となります。ただし、家賃や地代を払っている場合はダメ。無償（使用貸借）で借りている場合だけOKです。

[事業用宅地のケーススタディ]

以下の建物の敷地が、事業用（貸付用を含む）の宅地に該当するかどうか、具体例で示します。

[建物の所有者が被相続人の場合]

〈ケース１〉

（土地所有者）　　　（建物所有者）　　　（建物使用者）
被相続人　＝　被相続人　＝　被相続人　⇒　**事業用宅地**

〈ケース２〉

（土地所有者）　　　（建物所有者）　　　（建物使用者）
被相続人　＝　被相続人　→　生計一親族　⇒　**事業用宅地**
　　　　　　　　　　　　　無償

〈ケース３〉

（土地所有者）　　　（建物所有者）　　　（建物使用者）
被相続人　＝　被相続人　→　他の者　⇒　**貸付用宅地**
　　　　　　　　　　　　　有償

（注）　他の者（生計一親族を含む）に建物を有償で貸し付けていた場合は、被相続人の不動産貸付業に該当し50％の評価減が適用されます。

［建物の所有者が生計一親族の場合］

〈ケース4〉

（土地所有者）　　　（建物所有者）　　　（建物使用者）
被相続人　→　生計一親族　＝　生計一親族　⇒　**事業用宅地**
　　　　　無償

〈ケース5〉

（土地所有者）　　　（建物所有者）　　　（建物使用者）
被相続人　→　生計一親族　→　被相続人　⇒　**事業用宅地**
　　　　　無償　　　　　　無償

（注）　土地と建物が共に使用貸借（無償）の場合のみ、事業用宅地とされます。

〈ケース6〉

（土地所有者）　　　（建物所有者）　　　（建物使用者）
被相続人　→　生計一親族　→　他の者　⇒　貸付用宅地
　　　　　無償　　　　　　有償

〈ケース7〉

（土地所有者）　　　（建物所有者）　　　（建物使用者）
被相続人　→　生計一親族　→　他の者　⇒　貸付用宅地
　　　　　有償　　　　　　有償・無償
　　　　　　　　　　　　　を問わない

（注）　土地または建物のいずれかが賃貸借（有償）の場合は、被相続人の不動産貸付業に該当します。また、地上に建物があるので貸付用の特例の適用があります。

［建物の所有者が生計別親族の場合］

〈ケース8〉

（土地所有者）　　　（建物所有者）　　　（建物使用者）
被相続人　→　生計別親族　＝　生計別親族　⇒　評価減なし
　　　　　無償

（注）　生計別の親族が事業の用に供していた土地なので、特例の適用は受けられません。

〈ケース9〉

（土地所有者）　　　（建物所有者）　　　（建物使用者）
被相続人　→　生計別親族　→　居住者を問わない　⇒　貸付用宅地
　　　　　有償　　　　　　有償・無償
　　　　　　　　　　　　　を問わない

（注）　被相続人の不動産貸付業に該当し、建物があるので貸付用の特例の適用があります。

〈ケース10〉

（土地所有者）　　　（建物所有者）　　　（建物使用者）
被相続人　→　生計別親族　→　被相続人または　⇒　**事業用宅地**
　　　　　無償　　　　　　無償　　生計一親族

（注）　土地と建物が共に使用貸借（無償）の場合のみ、事業用宅地とされます。

Ⅳ 小規模宅地の評価の特例

[土地を他に貸し付けていた場合]

〈ケース11〉

（土地所有者）　　　　（建物所有者）　　　　　　（建物使用者）
被相続人　→　被相続人以外の者　→　使用者を問わない　⇒　貸付用宅地
　　有償　　　　　　有償・無償
　　　　　　　　　　を問わない

（注）　被相続人の不動産貸付業に該当し、建物があるので貸付用の特例の適用があります。

〈ケース12〉

（土地所有者）　　　　（建物所有者）　　　　　　（建物使用者）
被相続人　→　被相続人以外の者　→　使用者を問わない　⇒　評価減なし
　　無償　　　　　　有償・無償
　　　　　　　　　　を問わない

（注）　無償で貸し付けている場合は、不動産貸付業とはなりません。

（9）特定事業用宅地は400m²まで80％評価減

事業用宅地のうち、次の条件を満たす"特定事業用宅地"については、400m²まで80％の評価減ができます。

〈特定事業用宅地の範囲〉

> ①　被相続人が営んでいた事業を引き継いだ親族が、申告期限まで引き続きその宅地を所有し、かつ、申告期限までその事業を営んでいる場合
> ②　被相続人と生計を一にしていた親族が取得し、申告期限まで引き続きその宅地を所有し、かつ、相続開始前から申告期限まで自己の事業の用に供している場合

事業を承継した親族と自己の事業を継続する親族が特例の対象者ですが、いずれも、申告期限まで"事業を継続し"、かつ、"所有し続ける"ことが条件となっています。

（10）貸付用宅地は200m²まで50％評価減

不動産貸付業、駐車場業、自転車駐車場業の用に供されていた宅地については、事業用宅地とは別に貸付用宅地としての特例が設けられています。

（注）　事業と称するに至らない不動産貸付け等で相当の対価を得て継続的に行うもの

107

（準事業）にも特例が適用されます。ただし、平成30年度改正で一部規制されました（（11）参照）。

　先に述べたとおり、小規模宅地特例の適用は建物や構築物の敷地に限る、という点にご注意ください。土地の貸付けも事業ではありますが、そこに建物等が建っていなければ、たとえ地代収入があってもその土地にこの特例の適用はいっさいなしです。

　たとえば駐車場の場合、まったくの更地に車を止めているだけなら適用はなし。ただし、アスファルト舗装やフェンス張りなどの設備を施していれば、構築物の貸付けなのでOKです。

　貸付用宅地のうち、次の条件を満たすものについては、200m²まで50%の評価減ができます。

〈貸付用宅地の範囲〉

> ①　被相続人が営んでいた貸付事業を引き継いだ親族が、申告期限まで引き続きその宅地を所有し、かつ、申告期限までその貸付事業の用に供している場合
> ②　被相続人と生計を一にしていた親族が取得し、申告期限まで引き続きその宅地を所有し、かつ、相続開始前から申告期限まで自己の貸付の用に供している場合

　特定事業用宅地と同様に、貸付事業を承継した親族と自己の貸付事業を継続する親族が特例の対象者です。いずれも、申告期限まで"貸付事業を継続し"、かつ、"所有し続ける"ことが条件となっています。

（11）平成30年度改正で投資マンション節税が規制

　ところで、借入れによる賃貸不動産の取得は、古典的な相続税対策として昔からよく行われています。とくに、平成27年1月以後の相続から課税対象者が倍増し、ハウスメーカーや金融機関の暗躍もあって、その傾向が顕著となってきました。また、貸付用宅地については、居住用や事業用と比べて各種制約が少ないことから購入や売却がしやすく、税金対策で短期間しか所有しないケースも珍しくありません。そこで、事

Ⅳ 小規模宅地の評価の特例

業継続への配慮という小規模宅地特例の政策目的に沿ったものとなっていないとの判断により、平成30年４月以後の取得分から、次のように規制されています。

> 相続開始前3年以内に貸付けを開始した土地については小規模宅地特例の対象から除外する。

　ここで思い出すのは、昔あった悪名高き「3年しばり」の規制です。取得後３年以内に相続が起きたとき、その不動産の評価は路線価等ではなく取得価額で行う、というものです。昭和63年度改正で導入され、バブル崩壊で地価が下落に転じ、平成８年度改正で廃止されるまで、節税規制に大いなる威力を発揮しました。さて時代は巡り、またもやバブル規制の再来です。

　ただし、今回の規制は昔のように取得した不動産全般ではなく、貸付用宅地に対する小規模宅地特例の適用に絞った取扱いです。さらに貸付用であっても、相続開始前３年を超えて事業的規模(注)で行っている場合は、規制対象から外されます。

　　（注）　建物の貸付けであれば、5棟10室基準（貸家5棟または貸室10室以上）で判定します。

　要するに、お手軽なにわか不動産投資による節税策が規制されたということです。なお、5棟10室未満のお手軽規模でも、平成30年３月以前から賃貸している不動産については、従来どおり小規模宅地特例の適用が可能です。

（12）老舗そば屋の相続税

　大阪の繁華街に３代続いた老舗のそば屋があって、その店のご亭主が亡くなりました。数年前に妻を亡くして以来、店は一人息子が切り盛りし本人は楽隠居の身。自宅はすでに息子名義にしてあったので、相続財産は店舗と銀行預金が少々です。

　ところが、申告期限が近づき相続税の計算をしてみて息子はびっくり。とんでもない税額になることが分かったのです。店の敷地は40坪あって、路線価を調べると坪あたり700万円。ということは、土地だけで40坪×700万円＝２億8,000万円の評価です。

　相続人は息子１人。この他預金など２千万円を加えて相続税を計算すれば、納税額は9,000万円を超えます。計算結果を見て、息子は茫然自失の状態……。

　さてここで救いの神が現れました。そう、小規模宅地の評価の特例です。事業用の宅地なら最高80％の評価減ができる——80％の評価減をして20％相当額で評価するとなれば、２億8,000万円×20％＝5,600万円。これだと納税額は600万円ですみます。

　問題は80％の評価減を適用するには、どういう条件が必要かということです。まず、事業（そば屋）をしていたのは、被相続人ではなくその息子だという点。この場合、親子２人が生計を一にしていたかどうかがポイントです。幸いなことに被相続人は、息子一家と同居し生計を一にしていました。

　もう一つ条件があります。それは息子が申告期限まで、相続した土地を所有し続け、かつ、事業を継続するということ。申告期限は相続日の10か月後です。それまではなんとしてもそば屋を続ける、そうすれば９千万円かかる税金が６百万円ですむ、というしだいです。

Ⅳ 小規模宅地の評価の特例

計算してみよう

〈特例を適用しない場合〉

（課税価格）

　2億8,000万円（土地）＋2,000万円（その他）＝3億円

（基礎控除額）

　3,000万円＋600万円×1人＝3,600万円

（課税遺産総額）

　3億円－3,600万円＝2億6,400万円

（相続税額）

　2億6,400万円×45％－2,700万円＝9,180万円

相続税の速算表

取得価額	税　率	控除額
3,000万円以下	15％	50万円
5,000万円以下	20％	200万円
1億円以下	30％	700万円
2億円以下	40％	1,700万円
3億円以下	45％	2,700万円

〈特例を適用する場合〉

（課税価格）

　5,600万円（土地）＋2,000万円（その他）＝7,600万円

（基礎控除額）

　3,000万円＋600万円×1人＝3,600万円

（課税遺産総額）

　7,600万円－3,600万円＝4,000万円

（相続税額）

　4,000万円×20％－200万円＝600万円

111

この章のまとめ

- 居住用・事業用・貸付用に使っていた土地は、条件を満たせば、次のように大幅に評価減されます。

	限度面積	減額割合	評価額
居住用宅地	330m²	80%	20%
事業用宅地	400m²	80%	20%
貸付用宅地	200m²	50%	50%

- 居住用宅地とは、被相続人が住んでいた家の敷地のことですが、建物の名義が本人、生計一親族、生計別親族の別に、さまざまなパターンがあります（本文（2）参照）。
- 本人が老人ホームに入居していた場合でも、居住用とされる場合があります。
- 居住用のうち次の要件を満たすもの（特定居住用宅地）が特例の適用対象となります（詳細は本文（5）参照）。
  ① 配偶者が相続したとき
  ② 居住・所有要件を満たす同居親族が相続したとき
  ③ 配偶者や同居親族がいない場合で所有要件を満たす家なき子が相続したとき
  →平成30年度改正で一部規制されました（本文（6）参照）。
  ④ 居住・所有要件を満たす生計一親族が相続したとき
- 事業用宅地とは、被相続人または生計一親族が事業（貸付事業を除く）をしていた建物の敷地をいいます（本文（8）参照）。
- 事業用のうち一定のもの（特定事業用宅地）が特例の適用対象となります（本文（9）参照）。
- 貸付用宅地のうち一定のものが特例の適用対象となります（本文（10）参照）。
  →平成30年度改正で一部規制されました（本文（11）参照）。

Ⅴ 借地権課税

1 賃貸借と使用貸借

（1）貸せば自分の土地でなくなる

　土地の貸し借りには、"賃貸借"と"使用貸借"があります。地代を払うか払わないかの違いですが、通常は地代を支払って借りるから賃貸借。親子間などは支払わないのが普通で、それが使用貸借です。

　両者の借り方で違ってくるのが、「借地権」の発生の有無——賃貸借なら発生し、使用貸借の場合は発生しません。

〈2通りの貸し借り〉

① 賃貸借（地代あり）⇒ 借地権が発生する ⇒ 底地評価
⇒ 相続税軽減
② 使用貸借（地代なし）⇒ 借地権が発生しない ⇒ 更地評価
⇒ フルに相続税課税

　貸せば自分の土地でなくなる、とよくいいます。借り手に生まれる土地の利用権が「借地権」です。賃貸借の借り手は借地借家法で手厚く保護されます。逆に、誰かに土地を貸して建物を建てさせると、地主は土地の所有権に大きな制約を受け、もはや自由にその土地を売ることはできません。また、いい条件で貸せる可能性も消えてしまいます。

（2）賃貸開始時に権利金の授受

　地主が所有権に制約を受ける割合、いいかえれば、借地人が手にする権利の割合のことを「借地権割合」といいます。地域ごとにその割合は異なりますが、たとえば時価1億円の土地があって、その地域の借地権割合を70％とします。このとき、その土地を貸せば地主の財産価値は7千万円目減りして、底地権の3千万円だけが残ります。

　7千万円相当額の権利が借地人に生じるということですが、そのままだと地主にとって、まるでばからしい話です。貸している間は当然地代

をもらうとして、貸す最初の時点で別途、まとまったお金をもらおうと考えるでしょう。そこで動くお金（7千万円）、これが"権利金"です。

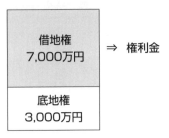

　税務では、土地の貸し借りを"土地の切り売り"と認識します。7割相当部分の土地を売って、その譲渡代金として受け取るお金が権利金です。受け取った地主は、それを「譲渡所得」として申告しなければなりません。

（3）使用貸借なら借地権は生まれない

　さて、以上の説明は賃貸借の場合で、使用貸借のときは話が違ってきます。通常、他人に土地を貸す場合は賃貸借ですが、わが子に貸す場合などは地代をもらわない、つまり使用貸借が普通でしょう。

　ただで土地が使えるなんて大変ありがたい話ですが、その代わり借り手の子供は、その土地に関して権利の主張ができません。使用貸借なら借地権は発生しないのですから。

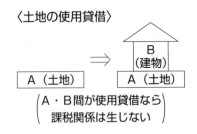

　親子で土地の貸し借りをするときは、むしろ地代のやり取りをすると大変な問題が生じます。地代を払えば賃貸借、となると借地権が生まれ

る、ところが権利金は支払わない――これでは困ったことが起こります。
　そうです。もうお気づきのように、贈与税の課税関係が生じます。先ほどの計算例でいけば、７千万円相当の財産がただで子供の手に渡ったということです。
　一方、地代を払わなければ、こうした贈与税の課税はありません。課税があるとすれば将来の相続税です。つまり、その土地に子供の権利はなく、まるまる親のものなので更地として１００％の評価。そこで親の遺産総額が基礎控除額を超えれば、その７千万円部分に相続税がかかる、というしだいです。

2　借地権の使用貸借

（１）借地権を買い取らずに地代を払うと贈与税

　次に、親が他人から賃貸借で借りている土地に子供が建物を建てる、というケースを考えてみます。親は土地所有者ではなく、第三者の地主から賃借している借地人で、その土地を子供が"又借り"して使うという話です。

　親名義の建物を子供が買い取る、贈与してもらう、あるいは子供が建て替えるといった場合に、このような権利関係が生じます。このとき、それまで親が地代を払っていたのを、今後は子供がその土地を使うから子供が地主に地代を支払う、なんてことをすると問題です。
　建物とともに、親が所有する借地権も子供が買い取るのなら、それはそれでいいでしょう。ところが、借地権をそのままにして、建物だけ譲るというのは困りものです。子供が地代を払えば、借地権者は子供に代

替わりします。ところが、借地権自体は親が保有したままという状態——これは矛盾していますね。この場合、親から子供に借地権の贈与があったものとして課税されてしまいます。

（2）借地権の使用貸借は税務署に届け出る

　こういう課税関係がいやなら、使用貸借にすることです。つまり、借地権は親が保持したまま、子供はその借地権をただで使わせてもらう。これなら子供に権利が移らないので、贈与になりません。

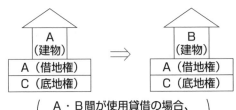

　ただしこの場合、税務署に「借地権の使用貸借に関する確認書」を提出しなければなりません。土地の又貸し関係は使用貸借によるもの、という内容の文書で、親と子、それから第三者の地主さんにも印鑑を押してもらって、3人連名で提出します。

　要するにこれは、建物が子供名義だけれど借地権は親が持っている、そこで将来の相続税の申告で借地権を計上する、という趣旨の確認文書です。税務署側にすれば、今回贈与税をとり損ねても、相続税で挽回できるからまあいいか、といったところですね。

Ⅴ　借地権課税

借地権の使用貸借に関する確認書

① 　（借地権者）　　　　　　　　（借受者）

　　　__A（親）__　　は、　　　__B（子）__　　に対し、平成 ◯ 年 ◯ 月 ◯ 日にその借地

している下記の土地 ｛ に建物を建築させることになりました。 ｝ しかし、その土地の使用

　　　　　　　　　　｛ の上に建築されている建物を贈与（譲渡）しました。 ｝

　　　　　　　　　　　　　　　　（借地権者）

関係は使用貸借によるものであり、　　　__A（親）__　　　の借地権者としての従前の地位には、何ら変

更はありません。

記

土地の所在＿＿＿＿＿＿＿＿＿＿＿＿＿＿＿＿＿＿＿＿＿＿＿＿＿＿＿＿＿＿＿＿＿

地　積＿＿＿＿＿＿＿＿＿＿＿＿　㎡

---

② 　上記①の事実に相違ありません。したがって、今後相続税等の課税に当たりましては、建物の所有者はこ
　の土地について何らの権利を有さず、借地権者が借地権を有するものとして取り扱われることを確認します。

　　　平成　　年　　月　　日

　　　借地権者（住所）＿＿＿＿＿＿＿＿＿＿＿＿＿＿＿（氏名）　__A（親）__　㊞

　　　建物の所有者（住所）＿＿＿＿＿＿＿＿＿＿＿＿＿（氏名）　__B（子）__　㊞

---

③ 　上記①の事実に相違ありません

　　　平成　　年　　月　　日

　　　土地の所有者（住所）＿＿＿＿＿＿＿＿＿＿＿＿＿（氏名）　__C（第三者）__　㊞

※

　　上記①の事実を確認した。

　　平成　　年　　月　　日

　　　　　（確認者）＿＿＿＿＿＿税務署　＿＿＿＿＿＿部門　　担当者 ㊞

（3）土地の使用貸借は届出不要

　借地権の使用貸借と違って土地自体の使用貸借の場合、このような届け出は不要です。なぜなら、土地の使用貸借なら税務署で把握できます。不動産の登記簿を見れば、土地の名義がＡ（親）で建物はＢ（子供）となっていても、ＡとＢの貸し借りが賃貸借なのか使用貸借なのかは、調査をすれば分かります。

〈土地の使用貸借〉

　ところが、借地権の使用貸借だと土地の名義はＣ（第三者）で建物がＢ（子供）──間にはさまっているＡ（親）の存在が宙に浮いてしまいます。

〈借地権の使用貸借〉

　借地権者の名前は、通常、登記簿には出てきません。そうなると、年月を経てＡに相続が起きたときその存在がうやむやになってしまい、借地権に対する相続税の課税が漏れてしまうおそれこれあり。そこで確認書の提出、というわけです。

3　底地の買取り

（1）新しい地主に地代を払えば問題なし

　土地の使用貸借にからんだ話をもう一つしましょう。借地人が地主から土地を買い取る、つまり底地の買取りに関する課税関係です。

この場合、借地人自身がその底地を買えば、何ら難しい問題はありません。過去に切り売りした土地の残り部分を売買する、そこで地主に譲渡所得が発生する、それだけの話です。
　ところが現実には、借地人以外の者が底地を買うこともたまにあって、その場合は別の課税問題が生じます。たとえば、親が借りている土地を子供が買い取るケースです。高齢の親には資力がない。そこで子供が銀行から借金をして買う、といったケースですね。

〈底地の買取り〉

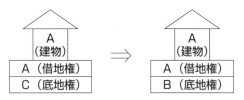

　その場合、親にすれば地主が替わっただけの話です。そこでこれまでどおりの地代を、今後は新しい地主（B）＝子供に支払う、ということなら別段問題は起こりません。ところが一般に、そういう場合は地代の支払いをストップしてしまいます。

（２）地代の支払いをストップすれば贈与税？

　親が子供に地代を払わない、税法の立場からそれは見過ごしにできない事態です。それまで親は、賃貸借で借りていたから借地権を持っていた。ところがここから先、地代をストップするとなると、土地の貸し借りが使用貸借に切り替わり、親の借地権が子供の底地権に吸収されてしまう。こうなると贈与ですね。
　親の借地権が贈与されて、子供が"完全所有権"を持つことになります。かといって、贈与税の課税を受けないようにこれまでどおり子供に地代を支払う――これも変な話です。親に資力がないから子供が買い取ったのに、その親から子供が地代を受け取るなんて、弱い者いじめですよね。

（3）届出すれば贈与税の課税なし

　そこで一つの妥協策として、「借地権者の地位に変更がない旨の申出書」という書類を税務署に出せば、たとえ地代のやり取りをストップしても、贈与税を課税しないことになっています。

〈底地の買取り〉

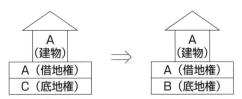

　親子２人の連名で提出し、底地を子供が買い取ったけれど、その土地の借地権は親が保有し続けている、という旨の申出書です。「借地権の使用貸借に関する確認書」と同じく、将来の相続税の申告で借地権を計上させる、そういう趣旨の宣誓書と考えればいいでしょう。

借地権者の地位に変更がない旨の申出書

平成 ○ 年 ○ 月 ○ 日

_____○○_____ 税務署長　殿

(土地の所有者)
_____B（子）_____ は、平成 ○ 年 ○ 月 ○ 日に借地権の目的となっている
(借地権者)
下記の土地の所有権を取得し、以後その土地を_____A（親）_____に無償で貸し付けることになりましたが、借地権者は従前の土地の所有者との間の土地の賃貸借契約に基づく借地権者の地位を放棄しておらず、借地権者としての地位には何らの変更をきたすものでないことを申し出ます。

記

土地の所在 _____

地　積 _____ m²

土地の所有者(住所) _____ (氏名) ___B（子）___ ㊞

借地権者(住所) _____ (氏名) ___A（親）___ ㊞

4 相続税対策と借地権

（1）同族会社を使った相続税対策

　借金をして賃貸マンションを建てるという古典的な相続税対策があり
ますが、その際、同族会社を使えばより効果的だと言う人がいます。会
社で借入れをしてマンションを建てる、そうすると会社に借地権が発生
して、土地の評価がその分下がるという手法ですね。

　ところが、たとえば借地権割合が70％の地域に会社がマンションを
建てたからといって、それだけで会社に70％の借地権が生まれる、そ
んな単純な話ではありません。

　土地の貸し借りは土地の切り売り、この言葉を思い出してください。
借地権の設定は土地の部分的な購入です。更地価額の７割相当のお金、
つまり権利金を支払ってこそ借地人に権利が移るのです。

　借地権割合が70％の地域にある更地価額１億円の土地を借りる、そ
のためにはまず、１億円×70％＝７千万円の権利金を支払う。そうす
れば借地権が発生して、土地の評価が底地価格の３千万円に下がる、と
いうしくみですね。

　ところが、冷静に考えれば分かるように、こんなことをしたところで
相続税対策になんかなりません。土地の評価は７千万円下がるけれど、
その分、同額の現金が増加するわけですから。

（2）権利金に代えて相当の地代を支払う

　土地を賃貸するとき、権利金を受け取ると財産減らしにならない──
このことは頭に刻み込んでおいてください。相続税対策のためには、権
利金の授受をしてはダメ。とはいえ、そのままでは贈与になってしまい
ます。権利金を払わずに、会社は７千万円相当の財産（借地権）を手に
入れた。となると個人から会社への贈与で、会社には法人税がかかって
しまいます。

　実は、この二律背反状態を打破する抜け道があります。権利金を最初

に即金で支払わず、分割払いするというやり方です。税法には、「相当の地代」を支払えば権利金の認定課税はしない、という取扱いがあります。

相当の地代とは、土地の更地価額に対して年『6％』相当額の地代をいいます。会社がそれだけの金額を毎年払えば、会社に対する法人税の課税はしないことになっています。

（3）相当の地代は権利金の分割払い

しかし、年6％というのはけっこう大変な金額です。たとえば時価1億円の土地なら、1億円×6％＝600万円の地代を毎年支払うということですから。

通常（世間相場）の地代はせいぜい年1％、100万円ぐらいの水準です。にもかかわらず600万円もの高い地代を払わせられる。その差500万円は、結局のところ権利金の分割払いにあたるという理屈です。

さてそこで、7,000万円÷500万円＝14年と計算すれば、7,000万円の権利金を払い終えるのに14年かかる、ということになりますね。だけどその計算は正しくない。税法が要求するのは、土地の賃借期間中ずっと、相当の地代を払い続けるということなのです。

土地の貸し借りは通常、長い長い期間の話です。たとえば賃借期間が50年なら、総額で500万円×50年＝2億5,000万円もの金額を支払うことになってしまいます。

さりとて、それができないということなら、分割払いの話は立ち消えです。7,000万円を即金で支払うか、数十年かけて億単位のお金を払うか、どちらかを選択しなければなりません。

（4）地代を据え置けば借地権が自然発生

通常は、相続対策用に設立した会社に一時金の支払能力はないので、相当の地代方式を選択することになります。そうすると次に、その地代を時価の上昇にあわせて値上げするかどうか、ここで「スライド方式」

と「据置き方式」の選択問題が生じます。

　これについては、相続税対策として財産減らしの効果をねらうなら地代を引き上げてはダメ、半永久的に据え置くべし、というのが結論です。理由は次のようなことです。

　相当の地代方式の場合、賃貸借の開始時点で即、借地権は移りません。割増しの地代を支払い続ける間に借地権が徐々に発生し、これを「自然発生借地権」と称します。なぜ権利が発生するか、解答のキーとなるのは、地価と地代の割合が地主と借地人の力関係を表すという点です。

（5）世間相場の地代になればフルに借地権が発生

　世間相場が1％なのに6％もの地代を払わせられるのは、借地人に力（借地権）がないからで、地代を値上げするといつまでもその力関係は変わらず、借地権は発生しません。

　ところが、地価が上昇し、それにつれて世間相場の地代も上がっていくなかで、実際に支払う地代を据え置くと、地代の利回りが6％から徐々に低下していき、いつしか世間相場並みの利回りに落ち着きます。そうなった時が、晴れて通常の借地権割合に到達した時点、ということです。

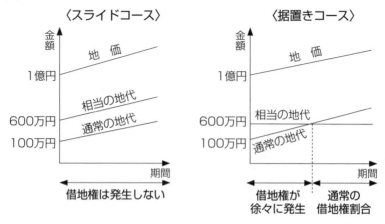

（6）地価が横ばいなら借地権は発生しない

　相当の地代方式で土地の貸し借りをはじめて、その後、地価が横ばいのまま推移すれば借地権はまったく発生しません。一方、かつてのバブル期のように急激な地価上昇があれば、あっという間に通常の借地権割合に到達します。

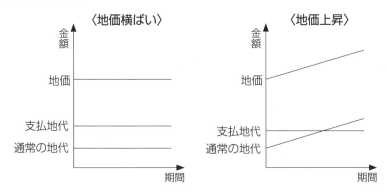

　結局のところ、この相当の地代方式による相続税対策は、地価が横ばいないし下落傾向にある現在では、あまり有効な手法とはいえません。主要都市の一部では、地価上昇の地域も見られますが、それも果たして持続性があるのかどうか……あまり当てにしないほうがいいでしょうね。

5　無償返還届出方式による税金対策

（1）無償返還届出書を提出すれば認定課税なし

　相当の地代方式よりも、もう少し現実的な（適用が容易な）相続税対策のお話です。同族会社が権利金を支払わず、しかも、地代の金額が相当の地代に満たない場合でも、次の2つの条件を満たせば、贈与に対する法人税の課税はありません。

〈無償返還届出の要件〉

① 土地の賃貸借契約書で将来借地を無償で返還することが定められていること
② 無償で返還する旨を地主と借地人の連名の書面（「土地の無償返還に関する届出書」）で税務署に届け出ること

　この取扱いは、借地契約の当事者間でその土地には借地権を発生させない、したがって権利金や立退料を授受しないことで合意している場合には、課税サイドでもそのことを追認するものです。
　当事者がそれぞれ、権利の主張をしない、させないと言っているのに、いや権利があるはずだと税務署が言い張るのもおかしな話ですからね。
　そこで、無償返還の届出をすれば、権利金の認定課税は避けられます。ただし以後の期間、毎年「相当の地代」の認定課税が行われます。つまり、相当の地代（6％）と実際に受け取っている地代の差額を、地主（個人）が借地人（会社）に対して贈与したものとされます。

Ⅴ 借地権課税

土地の無償返還に関する届出書

※整理事項		整理簿	
	1 土地所有者	番　号	
	2 借地人等	確　認	

受付印

平成 〇 年 〇 月 〇 日

　　　　国 税 局 長　殿
　　　　税 務 署 長

　土地所有者　**個人**　は、[借地権の設定等 / 使用貸借契約] により下記の土地を平成 〇 年 〇 月 〇 日 から　**法人**　に使用させることとしましたが、その契約に基づき将来借地人等から無償で土地の返還を受けることになっていますので、その旨を届け出ます。

　なお、下記の土地の所有又は使用に関する権利等に変動が生じた場合には、速やかにその旨を届け出ることとします。

記

土地の表示

　所　在　地　＿＿＿＿＿＿＿＿＿＿＿＿＿＿＿＿＿＿＿＿＿＿＿＿

　地目及び面積　＿＿＿＿＿＿＿＿＿＿＿＿＿＿＿＿＿＿＿＿＿＿＿ ㎡

	（土地所有者 ）	（借地人 等）
住所又は所在地	〒　　　　　　　　　　電話（　　　）　－	〒　　　　　　　　　　電話（　　　）　－
氏 名 又 は 名 称	＿＿＿＿＿＿＿＿＿ ㊞	＿＿＿＿＿＿＿＿＿ ㊞
代 表 者 氏 名	**個　人** ㊞	**法　人** ㊞

	（土地所有者が連結申告法人の場合）	（借地人等が連結申告法人の場合）
連結親法人の納　税　地	〒　　　　　　　　　　電話（　　　）　－	〒　　　　　　　　　　電話（　　　）　－
連結親法人名等	＿＿＿＿＿＿＿＿＿＿＿	＿＿＿＿＿＿＿＿＿＿＿
連結親法人等の代表者氏名	＿＿＿＿＿＿＿＿＿＿＿＿＿＿＿＿＿＿＿＿＿	
	借地人等と土地所有者との関係	借地人等又はその連結親法人の所轄税務署又は所轄国税局
	＿＿＿＿＿＿＿	＿＿＿＿＿＿＿

127

（2）無償返還届出書の提出で課税関係はどうなるか

　この相当の地代の認定課税は、法人どうしの貸し借りや、法人から個人への貸付けのときは、物議を醸します。地主と借地人の双方にそれなりの課税問題が生じます。

　しかし、地主が個人、借地人が法人のときはご安心あれ。相当地代と実際地代との差額に対する課税は、双方とも一切ありません。

　なぜなら、法人は地主から贈与を受けますが、それは支払うべき地代の額と相殺されます（収益と費用の両建て計上）。また、所得税は現実に受け取った額にしか課税されないので、地主の不動産所得となるのは実際に受け取った地代の額どまりです。

　無償返還届出書の提出で双方とも課税は一切なし、と思いきや……実はここで伏兵の「相続税」の出番です。

（3）最終的に相続税で課税

　そもそも無償返還届出の制度は、将来の土地返還の際に、借地人は立退料を要求せず無償で明け渡す、その土地に対して借地人は権利を主張しない、つまりこの土地に借地権は発生しないので借地人側に利益は生ぜず、したがって賃貸開始時に法人税や贈与税の課税はしない、というものです。

　その延長線上で相続時の土地評価を考えると、借地人の権利は発生せず丸々が地主の所有ですから、その土地は更地として評価するという理屈になります。つまり、地主（個人）と借地人（法人）の間で無償返還届出の制度を利用すると、法人税・所得税・贈与税の課税は回避できるものの、最後に相続税で課税されるということです。

（4）更地価額の80％で評価

　なお、税務上「無償返還で借地権なし」という擬制をしてみても、現実問題としては法律上、自らの土地に他人名義の建物が存在するので、地主は土地利用権に制約を受けます。そこでその制約を更地価額の

『20%』相当額とみて、土地評価額を更地価額の80%とすることになっています。

したがって、無償返還届出の制度を利用すれば、法人税・所得税・贈与税の課税を回避した上で、さらに相続税も少しは減額できるという結論になります。ここまでの理屈に納得がいった方には、この方式も利用価値はあると思います。

(5) 使用貸借を選択すると更地価額のまま

最後に、無償返還届出書の記載に関して、重要な注意点を述べます。(1)で掲げた届出書の用紙をご覧ください(P.127参照)。1行目に「土地所有者○○は、（　）により……」と記され、（　）内で"借地権の設定等"または"使用貸借契約"のいずれかを選択することになっています。

その際、使用貸借契約を選ぶととんでもないことになります。これまで何度も述べてきたように、使用貸借の場合、借り手には一切権利が生じません。ということは、借り手に20%相当額の権利はなく、土地は更地価額そのままの評価額――(4)で述べた相続税の減税話は立ち消えです。

届出書を提出する際、くれぐれもご留意ください。

この章のまとめ

- 土地の貸し借りには賃貸借（地代あり）と使用貸借（地代なし）があります。
  - →賃貸借の場合は借り手に借地権が発生し、土地は底地評価となります。
  - →使用貸借の場合は借地権が発生せず、土地は更地評価のままです。

●賃貸借では賃貸開始時に権利金（借地権相当額）の授受を行い、地主は譲渡所得税の申告をします。

●使用貸借なら権利金の授受は不要です。

→権利金の授受をせず地代を支払うと、権利金相当額の贈与問題が生じます。

●借地上の親の建物を子供名義にし、その後、子供が地主に地代を支払うと借地権の贈与問題が生じます。

→従来どおり親が地代を支払い、「借地権の使用貸借に関する届出書」を税務署に提出すれば課税されません。

→将来、親の相続税で課税されます。

●借地人（親）が地主から底地を買い取る際、借地人以外の者（子）が買取り資金を出して、以後、地代の支払いをストップすると借地権の贈与問題が生じます。

→「借地権者の地位に変更がない旨の申出書」を提出すれば、地代のやり取りをストップしても課税されません。

→将来、親の相続税で課税されます。

●相当の地代（更地価額の年6％）の授受をすれば、権利金の認定課税はされません。

→地代を据え置けば借地権が自然発生（するかもしれない？）。

●借地人が法人の場合、「土地の無償返還届出書」を提出すれば、権利金の認定課税はされません。

→相当の地代の認定課税がされますが、地主が個人、借地人が法人の場合、結果的に課税なしです。

→将来の相続時に、土地は更地価額の80％で評価されます。

→使用貸借を選択すると100％評価になるので要注意。

Ⅵ　贈与税とは

1　贈与とは何か

（1）相続や贈与には見返りがない

　個人が"経済的利益"を受けたとき、つまり誰かからお金や物をもらったときは、原則として「所得税」、「相続税」、「贈与税」のいずれかの税金がかかります。

　会社から給料をもらえば所得税、親からまとまったお金をもらえば贈与税といった具合ですね。では、親からもらうお金と給料はどこが違うか。答えは"対価性"があるかどうかです。

　働いてその見返りとしてもらうのが給料（つまり所得）で、何もせず無償で手に入るのが贈与です。相続も贈与と同じで、親が亡くなれば無償で財産が手に入ります。

　見返りの有無が、所得と贈与ないし相続との違いということが分かりました。では次に、相続と贈与はどこが違うのでしょうか。

（2）贈与は無償の契約

　相続は、誰かが亡くなれば自動的に起こります。ところが、贈与の方はそうはいきません。たとえば、父親が息子に「100万円あげる」といっても、それだけでは贈与になりません。

　法律上、贈与は無償の契約関係——息子の方が、「はい、いただきます」と応じて初めて、贈与が成立します。贈与税の課税関係を考えるとき、これはきわめて大切な点です。

　たとえば、生前贈与で祖父が孫名義の預金をしていた。よくある話ですが、いざ相続が起きたとき、その預金は孫のものだから相続財産ではない、という言い分が通るかどうか。

　名義が孫だから……というだけでは、税務署は納得しません。おじいちゃんがそういう預金をしていたことを、孫は全然知らなかったという

131

ことなら、贈与契約なんて存在しなかった、と言われることでしょう。

（3）贈与の証明

　相続税の申告をした後、税務調査で必ず問題となるのが"家族名義"の預金です。贈与したものなのか、はたまた単なる名義借りか。

　実際は本人の預金なのに、名前だけ借りているというケースは珍しくありません。過去には"マル優"制度というのがあって、所得税対策で預金を家族名義に分散する、ということがよく行われました。

　生前贈与をするとき、"贈与の証明"にはくれぐれも気をつけなければなりません。贈与したはずのものが相続税の申告で否認され、結局、相続税で課税されてしまった、というケースが多々あります。

　まず、印鑑が別々かどうか。本人と同じ印鑑で家族名義の預金をしていれば、それはまず名義借りとみなされるでしょう。あるいは、祖父は大阪で、孫は東京に住んでいるという場合に、孫名義の預金が大阪にある祖父の預金先の銀行に置いてある、というのも不自然です。

　預金から引き出して現金で手渡すなど論外です。一番問題のないやり方は、子供や孫自身が普段使っている口座へ"振り込む"ことです。口座振替えであれば、振込先と振込元の名前が双方の預金通帳に印字されます。とにかく、いかにして税務署に贈与事実を説明するか、くれぐれもその点にご配慮ください。

（4）贈与税は実質課税

　税務署は不動産の登記には目を光らせています。親の土地や建物を贈与登記で子供の名義に変えたら、たちどころに贈与税の申告書用紙が送られてきます。かと思えば、贈与ではなく売買として所有権移転の登記をしたときでも、贈与税がかかるケースもあります。

　形式的に売買登記をしているが、売買代金の授受がなく、あるいは"ある時払いの催促なし"の状態だと、それは実際には贈与ではないか、というわけです。贈与税より譲渡所得税のほうが安いからといって、税務

Ⅵ 贈与税とは

署は登記をそのまま鵜呑みにはしません。

家を建てたり買ったりしたとき、「建築（購入）資金に関するお尋ね」という文書が税務署から届くことがあります。子供名義で家を建て、お金は親が出しているということならもちろん贈与税。あるいは、年齢や資力などからみて、子供自身がお金を出していることに不自然さはないかといったことに、とことんこだわるのが税務署の仕事です。

（5）借入れ返済がある時払いなら贈与

親子間でお金の貸し借りをして、ある時払いで催促なしの状態はまずいですね。とはいえ、親子間の貸し借りを税務署はいっさい認めない、すべて贈与として取り扱う、というのも極論です。

どこかで1,000万円のお金が動き、税務署がそれを察知した。そこで贈与を疑ったとしても、当事者が「貸し借りだ」と言い張れば、税務署もそれ以上のことは言えません。その場は引き下がるでしょう。でも、そういうことがあったら後日また、税金が時効になる前に、様子を見にくるでしょうね。返済が行われているかどうか……。

返済がない、ということならさかのぼって贈与税の課税、となるでしょう。

（6）元本返済を確実に

借用証とか返済予定表があっても、それだけではダメ。親子など身内の間では、そんな書類はいつでも作れますから。大事なのは "返済実績" です。借りたものは返すという、きわめて当たり前のことがなされているかどうかが、最大のポイントです。

なお、銀行などから借りるときは利息が必要です。でも、身内の間なら無利息でもいいでしょう。「課税上弊害がなければ、無利息でもかまわない」という贈与税の通達があります。

課税上弊害がない、というのは贈与税の基礎控除（年110万円）のことです。年間の利息がその金額以下だったら、無理に支払うことはあ

133

りません。たとえば、元本が１千万円で利率を年３％とすれば、１千万円×３％＝30万円ですから基礎控除以下なのでOK、とこのように計算すればいいでしょう。

　元本がもっともっと大きいときはそれなりの対応が必要ですが、少なくとも元本返済だけは確実に、ということをお忘れなく。

2　結婚と税金

（1）晴れの門出に贈与税がかかる？

　いまや、結婚するのに男女合わせて数百万円近くかかる時代とか……。一部にはジミ婚指向が広まりつつあるとはいうものの、質素倹約も何のその、ブライダル産業がこの世を謳歌しています。

　さて、式場、新居、ハネムーンの手配から家具や衣装選びまで、あわただしい半年間をへて結婚式を来月に控えたM子さん、うきうきした表情にこのところ、ふと影のさす瞬間があります。

　聞けば、「愛する彼からもらった１カラットのダイヤの婚約指輪が数十万円、それと結納金がやはり数十万円。合わせて百万円を軽く突破するんだけれど、これって税金がかかるのかしら。それに披露宴の費用など、親が数百万円出すことになるけど、いいのかしら……」

　いやはや世の中、心配のたねはつきませんね。

（2）結納金に贈与税がかかる!?

　まず、彼氏からもらった指輪と結納金に贈与税がかかるかどうか。ここでお考えいただくのは、結婚って何だ、婚約とは何かという哲学的（？）大命題……。

　冗談はさておき、民法をひもといてみると、「夫婦は同居してお互いに協力し助け合わなければならない」などと、お説教じみたくだりが出てきます。

　ということは、法律上、結婚はそのことをお互いの義務とした一種の

134

契約関係ということになります。そして婚約というのは、将来結婚することを前提とした儀式で、そこで渡される指輪や結納金は、契約の手付金みたいな性格をもつものなのでしょう。

現に、もし女性の心変わりで婚約破棄ということになれば、男性側は当然、指輪や結納金を返してもらうことになりますね。不動産取引のように、手付け倍返しなんてことになるかどうかは知りませんけれど……。

（3）結納金で共有財産を購入

ある地方では、結納でたとえば500万円もらったら、その倍の1,000万円の嫁入り道具を整える風習があるそうです。

しかしこうなると、男性が預けたお金に女性が同額をつぎ足して、新しい生活に必要な家具類を購入するということで、結局2人でお金を出しあって共有財産の買物をするだけの話です。贈与税がどうのこうのと、野暮なくちばしをはさむ問題では毛頭ありません。

（4）親からの援助に贈与税はかからない

さて次に、お父上から受ける数百万円の援助問題です。結納金と違いこちらは契約履行の対価とは考えにくいお金ですね。子供に対する情愛の発露であり、無償の経済的支援とみるのが素直な見方でしょうが、そうなると完全な贈与です。

数ある税金の中で、圧倒的な税負担を誇るのが贈与税です。非課税枠は年間110万円まで——もし5百万円の贈与を受ければ48万5千円、1千万円なら実に177万円もの税金がかってきます。

しかし、親が子供の結婚費用を出したからといって、それで税務署が贈与税の納付書を送りつけたという話は聞いたことがありません。いくら意地悪な（失礼！）税法でも、そこまで悪役には徹しきれないのでしょうね。

世間常識からみて、とくに無茶な金額でなければ黙認します。晴れの門出にケチをつけるようなまねは致しませんので、ご安心を。

135

（5）豪華結婚式の費用を親が出したら

　では常識的な金額はいくらなの、という話になりますが、結婚式の費用は数百万円を平均値として、上には上がいくらでもあります。

　財界の御曹司が何百人もの出席者を集めて、一流ホテルの大宴会場で開く豪華披露宴なら、間違いなくゼロがもう一つ加わるでしょう。しかもその場合、費用は御曹司ではなく父親が出していると思います。こうなると、いくらなんでも贈与税の出番か……？

　素朴な庶民感覚ではそういう懲悪的な感情もわいてきますが、現実にはこういう場合でも、税務署が課税に乗り出したという話は、ついぞ耳にしたことがありません。それは、出席者の大半が父君の仕事関係者で、事実上この宴会の主催者は父君であるという事情によるのでしょう。

　つまり、新郎新婦はひな壇のお飾りのようなもので、実態は父君が自分のお金で自分のために宴を催しているようなものですから、これでは贈与になりません。

（6）高額の持参金は将来へ問題含み

　親の援助で贈与税の心配があるとすれば "持参金" です。これも世間相場ぐらいの金額なら問題ありませんが、あまり張り込みすぎると、後日そのお金で何か買物をするときに差しさわりが出てくる可能性があります。

　なお、言わずもがなのことですが、子供名義で新居を購入してあげるなんて論外です。そんなことをすれば、たちどころに税務署が駆けつけてきます。あくまで家の名義は父親にして、これを借りるようにしてください。ただで借りても贈与税はかかりません。車も同じです。名義さえ父親にしておけば、若夫婦が乗り回していても税金の心配はご無用です。

Ⅵ 贈与税とは

3 離婚と税金

（1）離婚で得た財産に贈与税がかかるか

　厚生労働省の統計資料によれば、離婚件数は平成14年をピークに減少してきていますが、それでも年間で20万超のカップルが"離婚届"にサインをしています。じつに、50秒ごとに1組のカップルが誕生し、2分20秒に1組の割合で破局を迎えているという計算になります。

　とくに最近は、結婚後20年以上の熟年カップルの離婚が急増しているのが特徴ですが、件数的にはやはり若いカップルが多く、結婚後5年未満が全体の4割を占めています。

　ということで次は、離婚するとき何か税金がかかるか、というテーマを考えてみましょう。まずは奥さんの側から。たとえば、財産分与で2千万円を受け取ったとき、このお金には税金がかかるのか……。

　まず思い浮かぶのは「贈与税」ですね。もしそれがかかるとなると、税額は695万円。のっけから顔がこわばってしまうようなことを申しましたが、ご安心ください。贈与税なんてかかりませんから。

　贈与とは、タダで何かをもらうこと。離婚の財産分与で奥さんは、タダで財産をもらうわけではありません。家庭の財産は夫婦共同で築き上げたものゆえ、離婚が成立すれば、ご主人に対して財産分けを請求する権利（財産分与請求権）が生まれます。

　この権利を行使して、夫名義の財産に含まれる妻の持ち分を取り戻すという話ですから、贈与税の出番はありません。むしろ、もらうべきものをもらわなかったら、そちらの方が問題で、筋論でいけば奥さんからご主人へ贈与があったことになってしまいます。

　あえて奥さん側に贈与問題が生じるとすれば、もらった金額が多すぎる場合です。さしたる働きもないグウタラ奥さんに、なぜそんなにたくさん渡すのか、という疑問です。しかし現実問題として、夫婦間の貢献度合いは外部の者には計りようもありません。よほど不合理な点がない

137

かぎり、贈与税の課税はないと考えていいでしょう。

（2）所得税の心配もなし

そういうわけで、離婚の財産分けに贈与税はかからない。となると、次に気になるのが「所得税」——奥さんが財産分けの権利を行使して、2千万円を"稼いだ"という理屈ですね。

しかし、このお金にはご主人が以前に収入として得た時点で、すでに所得税がかかっているはず。重ねて課税されることはありません。

財産分けでなく"慰謝料"としてもらったときは一応、所得になります。とはいえ、心身に加えられた損害につき支払いを受ける慰謝料や見舞い金は、所得税法上、非課税とされています。

結局のところ、離婚で財産分けを受けても、奥さんには贈与税も所得税もかからないということで、まずはメデタシ、メデタシ。

（3）不動産で渡すと譲渡所得税

さて次は、ご主人サイドの課税問題です。離婚して奥さんに財産分与請求権が生まれたら、ご主人にはそれに見合う債務が生じます。たとえば1億円を渡すということで話がついて、現金や預金でこれを支払うなら、とくに問題はありません。返すべきお金を返したということだけのことで、奥さんに対して背負っていた借金を返済したのと同じことです。

ところが、お金ではそれだけの金額を支払えないので、代わりに時価1億円相当の不動産を渡した、となると話は違ってきます。ここで「譲渡所得税」の出番です。

なぜ譲渡所得？　謎解きみたいですが、そのこころは……夫が不動産を第三者に売り、その代金1億円を妻に渡したのと同じ、というところにあります。なんともひねくれた見方ですが、税法とはそうしたもの。時価1億円が収入金額で、むかし買った金額（取得費）との差が所得になります。

こういう発想は、われわれ庶民の常識では思いも及ばないところです

138

が、それでもわが日本国は法治国家。そういう定めになっているのであれば、従わざるをえません。

不動産にかぎらず、株式など現金・預金以外のもので渡せば、譲渡所得の課税問題が生じるものと覚悟してください。

（4）3千万円特別控除の適用は？

ところで、一般に自宅を売却したときは、居住用財産の「3千万円特別控除」が適用されます。財産分与で自宅を奥さんに明け渡したときも、この特例が使えるのかどうか。ひっかかるのは、相手が身内のときはこの特例が適用されないという点です。通常なら、奥さんに自宅を売ったとき、この特例は適用されません。

でも、離婚による財産分けなら大丈夫。正式に離婚して籍を抜いてしまえば、元夫婦でも渡す時点では赤の他人。身内に対する譲渡ではないから特例の適用あり、ということになります。

ただし、早まって籍が入っている時点で渡してしまうと……そう、ご明察のとおり特例は適用されません。財産分与は籍を抜いてから、です。離婚の際はお気をつけください。

4 へそくりと税金

（1）へそくりは贈与にあらず

専業主婦の奥さんが、ご主人に内緒で給料袋のお金を自分の財布へ、あるいは自分名義の預金通帳へ……。そんなお金が少しずつ貯まり、まとまったお金になってきたP子さん。目下の心配ごとは、「へそくりのお金に、税金かからないかしら……」

"へそくり"を法律的にどう考えるか、これはけっこう難しいテーマです。まず、贈与なのかといえば、そうではなさそう。贈与は法律上の契約ですから、「あげます」「もらいます」と両者の息が合って初めて成立します。あげたくても相手が受け取ってくれなければ贈与にならない

し、また、へそくりのように、あげてもいないものを勝手にもらってしまっても、それは贈与ではありません。

　ご主人があげるといったら、それはへそくりではないんだし……まあ、へそくりに贈与税の出番はない、と考えていいでしょう。

（2）窃盗でもない？

　それではへそくりは窃盗なのか──ドキッとさせるようなことを言ってしまいました。でも、これもなんだか変ですね。ご主人が奥さんを窃盗罪で告訴しただなんて、そんな話は聞いたことありません。

　それもそのはず。法律というのは常識に基づいて定められています。「刑法」をひもとけば、親子や夫婦の間で窃盗があっても、それは刑罰の対象としないことになっています。ついでに申せば、兄弟の間は、お互いに独立して生計を営んでいる間柄だと罰せられることもある、ということらしいですから、油断は禁物（？）。

（3）へそくりは共有財産

　話があらぬ方向に飛びましたが、税金上の取扱いとしては結局、へそくりのようにいずれの持ち物かはっきりしないものは夫婦共有、と考えることになりましょう。

　奥さん名義で不動産を買ったとか、明らかな贈与事実があれば、そこで贈与税が問題となります。でも、へそくりを税務署が探し出して税金を取るなんて、まず考えられません。そんなことをすれば家庭争議のもと……税務署はそこまで野暮じゃないし、そういう暇な時間も持ち合わせていません。

（4）相続時に共有財産を整理

　結局のところ、これはご夫婦間の問題ですから、お二人のご存命中は税務署もあまりとやかく言いません。だけど相続のおりには、そこのところをきちんと整理してもらう。つまり、夫婦共有で残したものには相続税の洗礼を受けてもらう、というのが基本的なスタンスです。

140

Ⅵ　贈与税とは

とはいえ、相続税にはけっこう大きな基礎控除が設けられています。相続人が妻と子2人なら、基礎控除額は4,800万円。ということは、へそくりも加えて遺産が4,800万円以内なら、相続税の心配もいりません。

（5）相続税の申告時にどう説明するか

ただし、基礎控除を上回る場合で、奥さん名義の預金が数百万円とまとまった金額で出てきたときは要注意。これは私がへそくりで貯めたお金だから申告しない、という言い分はちょっと通らないでしょうね。

たとえ、ご主人からもらった（贈与された）と言い張っても、それでは、いつ、どのようにしてもらったのか説明せよと言われ、そこで返答に窮したらまず勝ち目はないとお考えください。

5 みなし譲渡とみなし贈与

（1）法人税は時価で売ったものとして課税

贈与税全般の説明の最後に、法人税も交えてすこし原理原則のお話をします。煩わしいかも知れませんが、しばしお付き合いください。

個人には所得税、贈与税、相続税がかかりますが、法人に対する課税はすべて法人税にお任せです。そもそも、法人には相続はないので相続税の出番はなく、贈与を受けたときも法人税で課税されます。

法人税と所得税の課税に関する根本的な考え方は、ずいぶんと違います。法人税の課税対象は、営利法人と収益事業です。株式会社などの組織は常に経済的に合理的な行動をとり、他の者の犠牲になるような事態は想定されていません。そこで、低廉譲渡（時価より低い対価による譲渡）のような不自然な取引に対しては、時価で売ったものとみる“みなし譲渡”の取扱いが設けられています。

たとえば、親会社が業績不振の子会社を救済するため、1千万円で買った土地（現在の時価5千万円）を1千万円で売却したとき、法人税

141

法では次のように取り扱われます。
〈親会社〉
　簿価取引なので利益が生じません。しかし、第三者を相手に値上りした土地を売れば利益が実現するはず。そこで、その実現するはずの「売却益」４千万円を計上しなければなりません。
〈子会社〉
　対価と時価の差４千万円分の経済的利益を受けており、これを「受贈益」として計上することになります。

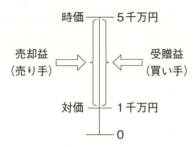

（２）寄附金は損金で落とせない？
　上記の取扱いで、子会社は４千万円の贈与を受けますから、逆に、親会社は子会社に対して同額を贈与（寄附）しています。つまり親会社は、第三者相手なら当然手にしたはずの４千万円の経済的利益を放棄し、それを子会社に寄附したことになります。
　法人税法では寄附金に制限を加えており、全額を損金で落とせるとは限りません。そうなると、売却益との相殺でプラス・マイナス０というわけにいきません。そこで、低廉譲渡を行なったときは、購入側（子会社）では受贈益が計上され、さらに売却側（親会社）には、"みなし譲渡"扱いで対価と時価との差額につき売却益が追加計上されて、双方に税負担が生じダブル課税の状態となってしまいます。

（３）所得税はもらったお金にだけ課税
　以上に対し、所得税法には原則として、みなし課税の規定はありませ

ん。所得税は契約上の売買代金にしか課税が及ばず、たとえば、親が子供に自分の土地を時価以下の価額で売却（低額譲渡）したとき、仮に０円で売却すれば、売り手側に所得税はかかりません。

　なぜなら、所得税が課税対象とする個人は、常に経済的合理性を有するとは限らず、経済的に不合理な行動をとる局面も多々考えられます。むしろ、親子の間で金儲けを考える方が異常です。そこで、法人税の課税形態とは根本的に異なり、そういう扱いになっているのです。

　ただし、個人の場合には、０円で購入（すなわち贈与）あるいは時価以下の対価で購入すれば別途、贈与税の課税が待ち受けています。つまり、贈与者（親）に所得税はかからないものの、受贈者（子）には時価相当額あるいは時価と対価の差額に対して贈与税が課されます。これは、法人間の取引における受贈益課税に相当する取扱いといえます。

（４）対価が著しく低いときは贈与税の課税

　時価が３千万円する土地を、うんと安く２千万円で買えたなら……ラッキーではありますが、買い手が個人なら、ここで贈与税のことを考える必要があります。相続税法に、著しく低い対価で財産を譲り受けたとき、時価との差額を譲渡者からの贈与とみなすという規定があり、この取扱いを"みなし贈与"といいます。

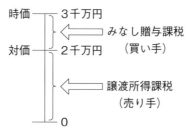

　３千万円のものが２千万円で手に入るという幸運な話は、通常、親子など親族間の取引から生じます。親子の情が絡まってそうなったという

税務署の見立てに対して、いやそうじゃないと反論できなければ、差額の１千万円は贈与となる可能性が大です。

（５）第三者間取引にも適用があるか

条文では「親族間取引において」とは書かれていませんが、第三者間の取引では通常、そういう“うまい”話は出てきません。もしあれば、何か裏があるのではと勘繰るのが普通です。そういう話が舞い込むとすれば、売り手側に今すぐお金がほしい事情があって売り急いでいる、といった場合でしょう。

そういう場合にも、みなし贈与の課税があるかといえば、そこまで過酷な運用はなされないのでは、と思います（思いたいです）。とはいえ、みなし贈与は親族間に限るという定めはどこにもなく、理屈の上では課税対象とされる可能性も捨てきれません。

そこでもし、第三者間の取引で“著しく”低い対価が登場したときは、その金額で取引することに至った事情や経緯などを説明できるよう準備しておくべきでしょう。場合によっては、売り手に税務署への説明の協力を仰ぐ、という局面も生じます。

（６）著しく低いかどうかの画一的な基準はない

ところで、３千万円に対して２千万円は、常識的に考えて著しく低いといえそうですが、この“著しく低い”に関して明確な判断基準はありません。８掛けまではOKとか、半値以下でなければ大丈夫、などと希望的観測を述べる人もいますが、条文はもとより通達などでも、そのようなことは何も書かれていません。通達では、不特定多数の者の競争原理が働く公開の市場で財産を取得したような場合、その価額が通常と比べて著しく低くても、課税上弊害がなければみなし贈与の課税はしない、とだけ書かれています。

そもそも何をもって時価と見るかが問題ですが、土地に関していえば、固定資産税評価額は低すぎるし、相続税評価額（路線価評価）でも否認

の可能性が無きにしも非ずです。実務的に無難なやり方としては、路線価が公示価格の８掛けで設定されていることから、相続税評価額を0.8で割り戻した金額で取引する、というのが多いようです。

（７）対価が著しく低いとき譲渡所得税の課税

次に、もう一つのキーワードは"みなし譲渡"です。これは、所得税法で、著しく低い対価で法人に譲渡したときは、時価で譲渡したものとみなす、と定めている取扱いです。

みなし贈与と違い、この場合の"著しく低い"については、「時価の２分の１未満」と明確に規定されています。この話も、そもそも時価がいくらなのか問題ではありますが、実務的には「相続税評価額÷0.8」を時価とみて、その金額の２分の１未満で取引すると、譲渡所得税の負担がふくらむと覚悟すべきでしょう。

ただし、みなし譲渡の課税は、売り先が法人の場合だけです。個人に対して売るときにはみなし課税はなく、実際に受け取ったお金にしか課税されません。たとえば、親が子供に時価３千万円の土地を１千万円で売ったとしても、親に対する譲渡所得税は１千万円に対してしかかかりません。ところが、法人相手に売ったときは３千万円で売ったものとみなす、となるわけです。

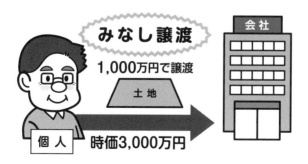

(8) 個人対法人の取引には過酷な課税

　売却先が法人か個人かで、税負担がかくも異なるのは釈然としません。そこで代替措置として設けられているのが、先に説明した"みなし贈与"です。親が支払う譲渡所得税は１千万円に対してだけ、その代わり子供が残り２千万円に対して贈与税を納める、個人間ではこのような税制になっています。

　ついでの話ですが、法人が時価より安く買った場合には、法人税法に「時価で取得したものとみなす」という取扱いがあります。ということは、個人が法人に時価の２分の１未満の対価で売ったとき、売り主にはみなし譲渡で３千万円に対する譲渡所得税がかかり、さらに購入した法人側にも２千万円の受贈益に対する法人税の課税がなされます。

〈個人対法人取引〉

　つまり、個人どうしなら課税対象額は、２人合わせて３千万円（１千万円+２千万円）どまりですが、個人対法人のときは、両者合わせて５千万円（３千万円+２千万円）に上るという、すさまじい事態となってしまいます。

(9) 低額譲渡も考えもの（ある人の贈与計画）

　以下、本節のまとめです。ある人が、昔１千万円で買った土地（現在の時価３千万円）を息子名義にしようと考えています。単純に贈与すると子供に１千万円強の贈与税がかかります。そこで、低額譲渡の出番です。

VI 贈与税とは

計算してみよう

〈単純贈与の場合〉

3,000万円 − 110万円(基礎控除) = 2,890万円

2,890万円 × 45% − 265万円 = 1,035.5万円

贈与税の速算表（子・孫用）

課税価格	税率	控除額
200万円以下	10%	—
400万円以下	15%	10万円
600万円以下	20%	30万円
1,000万円以下	30%	90万円
1,500万円以下	40%	190万円
3,000万円以下	45%	265万円
4,500万円以下	50%	415万円

〈低額譲渡の場合〉

（1千万円で譲渡）

親の譲渡税：譲渡益が0なので課税なし

子の贈与税：2,000万円 − 110万円(基礎控除) = 1,890万円

1,890万円 × 45% − 265万円 = 585.5万円

2人合計　585.5万円

（2千万円で譲渡）

親の譲渡税：(2,000万円 − 1,000万円) × 20%(注) = 200万円

（注）　分離課税による所得税と住民税の合計税率です。復興特別所得税を加味すれば正確な税率は20.315%です。

子の贈与税：1,000万円 − 110万円(基礎控除) = 890万円

890万円 × 30% − 90万円 = 177万円

2人合計　377万円

購入価額の１千万円で売れば、親に譲渡税の課税はなく、２千万円の贈与に対する贈与税は585万円です。さらに有利なのは、２千万円で売れば、親子の税負担が合計377万円で済みます。

　よし、２千万円で売ろう、と決断しましたが、それは早計。肝心な計算が抜け落ちています。当たり前のことながら、対価のやり取りがあってこその売買です。おそらくこの人は、税金のことだけ頭にあって、売買代金のやり取りなんて考えていないのでしょう。子供が対価を支払わなければ贈与です。正しくは、トータルの支払額をこのように計算すべきです。

〈単純贈与の場合〉

　親の支払額：０

　子の支払額：贈与税1,035.5万円

〈低額譲渡の場合〉

　（１千万円で譲渡）

　　親の支払額：０

　　子の支払額：1,000万円[売買代金]＋585.5万円[贈与税]＝1,585.5万円

　（２千万円で譲渡）

　　親の支払額：譲渡税200万円

　　子の支払額：2,000万円[売買代金]＋177万円[贈与税]＝2,177万円

　　　　2人合計　2,377万円

　２千万円で低額譲渡するなんて最悪で、単純贈与の方がまだしも、というのが結論です。しかしそれにしても、１千万円強もの税金を支払うなんて尋常ではありません。さらに、内輪（親子間）で支払うお金はともかくとして、外部（税務署）へ多額のお金を支払うだなんて、誰しも抵抗を感じることでしょう。生前の名義切り替えには、よくよく気をつけてください。次章で、贈与税の特例等について十分にご勉強ください。

148

Ⅵ 贈与税とは

この章のまとめ

- 贈与は無償の契約関係、贈与したつもりでも税務署に通用しない場合があります。
- 相続税の申告の際、妻・子・孫名義のものが名義借りと指摘されることが多々あります。
- 生前贈与をするとき、後日、贈与の証明ができるかどうかがポイントです。
- 贈与税は実質課税なので、形式上は売買や貸し借りでも、贈与扱いされる場合があります。
- 子供の結婚式費用を親が出すとき、通常、贈与税の課税はありません。
  → しかし、高額の持参金は将来にかけて問題含みです。
- 離婚時の財産分与や慰謝料に通常、贈与税や所得税はかかりません。
  → 不動産等での財産分与には、譲渡所得税がかかる場合があります。
- へそくりは夫婦の共有財産、相続時に課税される可能性が大。
- 時価より低い価額での譲渡を、低廉譲渡（法人税）または低額譲渡（所得税）といいます。
- 法人税法上、低廉譲渡で売主と買主の双方に課税関係が生じます。
  → 売主は無償譲渡部分の売却益計上、買主は無償取得部分の受贈益計上となります。
- 所得税法にはみなし課税の規定はなく、低額譲渡を行ったとき、売主の所得税は対価に対してのみかかります。
  → 買主には無償取得部分に対して贈与税がかかります。

●個人が著しく低い対価で財産を譲り受けたとき、時価との差額に対して贈与税がかかります。

　→相続税法上、著しく低いかどうかの判定基準は設けられていません。

●個人が著しく低い対価で法人に譲渡したとき、時価で譲渡したものとみて所得税がかかります。

　→所得税法上、対価が時価の２分の１未満であれば著しく低いと判定されます。

●個人から法人への低額譲渡のとき、売主（個人）にはみなし譲渡課税、買主（法人）には受贈益課税がなされます。

Ⅶ 贈与税の特例

1 配偶者控除の特例

（1）2千万円まで非課税

贈与税には大きな恩典があります。「配偶者控除の特例」といって、マイホームを妻にプレゼントしたとき、『2千万円』までなら税金がかからないというものです。

普通だと、2千万円も贈与したら約7百万円の税金です。それを受け取らないというのですから、税務署さん、気でも狂ったんじゃないかしら、と心配になるくらいにビックな恩典です。

計算してみよう

2,000万円に対する贈与税は、次のように計算します。

2,000万円－110万円（基礎控除）＝1,890万円

1,890万円×50％－250万円＝695万円

贈与税の速算表（一般用）

課税価格	税　率	控除額
200万円以下	10%	－
300万円以下	15%	10万円
400万円以下	20%	25万円
600万円以下	30%	65万円
1,000万円以下	40%	125万円
1,500万円以下	45%	175万円
3,000万円以下	50%	250万円
3,000万円超	55%	400万円

151

（2）適用条件があれこれ

さて、大盤振る舞いの特例なだけに、その適用は次のように厳しい条件付きです。

〈配偶者控除特例の適用要件〉

① 婚姻期間が20年以上の配偶者からの贈与であること
② 贈与財産が居住用不動産または居住用不動産を取得するための金銭であること
③ 贈与を受けた年の翌年3月15日までに、贈与を受けた居住用不動産に受贈者が実際に居住し、かつ、その後も引き続き居住する見込みであること
④ 贈与によりその配偶者から取得した財産にかかる贈与税につき、過去にこの特例の適用を受けていないこと

（3）戸籍上の婚姻期間が20年以上

まず、結婚してから20年経過していること。20年というのは実質ではなく、形式上の年数です。最初いわゆる同棲期間が3年あって、それから籍が入って17年経過、というのはダメ。婚姻届を出してから20年たっていなければなりません。

それから、今年中に結婚20周年を迎えるから、それを見越して贈与してしまうのはフライングです。贈与の時点で、満20年を過ぎていなければ認められません。

結婚20周年のことを"磁器婚式"というそうです。磁器婚式にはマイホームを贈ろう！というのがこの特例のキャッチフレーズになりそうですね。

（4）家かお金のどちらかで贈与

次に、この特例の適用対象は居住用の不動産または金銭です。つまりマイホームそのものか、あるいはそれを買うためのお金か、ということになっています。

どちらを選んでもいいのですが、評価額で考えれば、お金の2千万円

は２千万円の価値しかありませんが、不動産の評価は土地なら路線価、建物は固定資産税評価額です。つまり、不動産なら２千万円以上の値打ちのものを渡せます。

木造の建物なら評価額は建築価格の半値以下──ということは、４千万円以上するものを贈与税なしでプレゼントできる。こう考えれば、通常は現金よりも家そのもので渡すほうが有利です。

（５）家の贈与をするときは登記に注意

自宅の建て替えをするときに、現金で渡せば贈与は２千万円どまりですが、新しい家そのものなら時価４～５千万円するものをポンと贈与できます。さてその場合、贈与したのが現金なのか家なのか、その区別は登記で判断します。

建物を建てたとき、最初に"保存登記"をします。それを誰の名義にするかがポイントです。現金でなく建物で贈与したかったら、まずは夫名義で保存登記をし、それから妻に対する所有権移転の登記をしなければなりません。

登記費用をけちって、いきなり妻名義で保存登記なんてことをすると、それは奥さんにお金を渡して、そのお金で奥さんが家を建てたという扱いになってしまいます。面倒でも費用がかかっても、２回登記しなくてはなりません。

（６）土地と建物のいずれを贈与するか

では、不動産で贈与するとして、次に土地と建物のいずれが有利か。これも評価額で判断すれば、将来、建物の価値は徐々に下がっていきます。一方、土地は将来値上がりする可能性がある。ということなら、相続税対策としては土地で渡すのがいいでしょう。

だけどもう一つ考えておくべきは、譲渡所得税のことです。将来売却することになったとき、自宅なら「３千万円特別控除」や「軽減税率」などの特例が使えます。その際、贈与税の特例と違って、所得税で"居

153

住用"の特例は建物所有者にしか適用されません。

となると、土地だけ贈与したのでは、譲渡所得税の特例を受けられる
のは夫だけ。ところが、一部なりと建物も贈与しておけば、夫婦そろっ
て特例が受けられます。

（7）譲渡の特例目当てはダメ

さて、譲渡にからんだ話をもう一つ。ある人が自宅の売却を決意。譲
渡益が５千万円ほど出るので、そこから３千万円の特別控除を差し引い
て残りが２千万円。所有期間が１０年を超えているから軽減税率が使え
るものの、それでも税金がかかる。何とかならないか……そこで、ハタ
とひらめいたのが配偶者控除の特例です。

まず、２千万円部分を妻に贈与する。もちろん建物も含めてです。そ
の後売却すれば、夫婦２人で合計６千万円の特別控除がある。これなら
譲渡税もかからないじゃないか、というシナリオです。

なかなかよく考えましたが、結論としてそれはダメ。そんなことをす
ると、配偶者控除の特例が否認されて、２千万円に対して通常どおりに
課税——約７百万円の贈与税を納めるはめになります。

何がダメかというと、先ほどの（2）の〈適用要件〉の③に反します。
贈与を受けた後、引き続き居住することが条件になっていますね。贈与
以前に売却話があったということは、贈与の時点で居住を続ける気持ち
はもはやない、となると特例の適用はなし、という結論にあいなります。

（8）同じ相手からの贈与は１回かぎり

（2）の〈適用要件〉の④で、この特例が受けられるのは１回だけとなっ
ています。厳密にいえば、相手が替われば、つまり２０年ごとに離婚と
再婚を繰り返せば、２回、３回と適用を受けることも可能です。でも、
そんなの現実的じゃないですよね。まあ、この特例が受けられるのは一
生に１度だけ、と理解しておくのがいいでしょう。

さてそうなると、今年は１千万円分だけ特例を受けて残りは来年回し、

154

VII 贈与税の特例

なんてことはできません。それから、基礎控除とあわせて2,110万円の非課税枠がありますが、相続税対策として考えるなら、この際少々税金を払ってでも、と考えるのが賢明でしょう。

2,110万円をいくらまでオーバーしてもいいか、それは贈与税の速算表（P.151参照）を見てご判断ください。最低税率の10％が適用されるのは、課税価格200万円まで。よって、2,110万円＋200万円＝2,310万円までは、積極的な贈与を考えてもいいんじゃないでしょうか。

2,310万円の贈与で税金は、200万円×10％＝20万円。それ以上に贈与すると、徐々に税率が上がっていきます。どこまで贈与するかは、その人の相続税の税率しだいです。

（9）2千万円以内の贈与でも "税金" はかかる

配偶者控除の特例を使えば税金はかからない。このように言う人がいますが、それは間違いです。正確には、贈与税はかからないと発言すべきです。

この特例を使うためには、まず贈与の登記をしなければなりません。そのためには "登録免許税" が必要です。さらにその登記にもとづいて、数か月後に "不動産取得税" なるものがかかってきます。2千万円の贈与なら、2つあわせて数十万円は用意しなければなりません。

それを考えると、気軽に磁器婚式のプレゼントというわけにもいかないようです。よほど奥さん思いの人は別として、あくまでこれは資産家のための相続税対策の話だということにご留意ください。

（10）必要書類を添付して確定申告

この特例を受けるには、必ず贈与税の確定申告が必要です（申告要件）。たとえ、贈与が2千万円以内で税金がゼロの場合でも、申告書を提出しなければなりません。

申告書にはこういう書類を添付します。

〈配偶者控除申告の添付書類〉

① 戸籍謄本
　　──贈与者との婚姻期間を説明するため
② 贈与契約書または不動産の登記事項証明書
　　──不動産を贈与したことを説明するため
③ 戸籍の附票の写し
　　──その不動産に居住していることを説明するため

計算してみよう

（前提条件）

　婚姻期間が25年になる妻が、夫から土地の一部500万円（相続税評価額）と2,000万円の現金の贈与を受け、贈与を受けた土地に1,800万円で居住用の家屋を建築しました。

〈計算〉

① 配偶者控除の対象となる財産

　　　　土地　　　　現金
　　500万円＋1,800万円＝2,300万円

② 贈与税の課税価格

　　居住用　居住用不動産の　　配偶者　　　その他　　基礎
　　土地　　取得に充てた金銭　控除額　　　の金額　　控除額
　　500万円＋1,800万円－2,000万円＋200万円－110万円
　　＝390万円

③ 贈与税額　390万円×20％－25万円＝53万円

贈与税の速算表（一般用）

課税価格	税率	控除額
300万円以下	15%	10万円
400万円以下	20%	25万円

　ところでこの場合、これまでの説明をお読みの方なら、もっと上手な贈与を考えるでしょう。そうです、現金よりも建物そのもので渡す方が

VII 贈与税の特例

有利ですよね。建物の固定資産税評価額（＝相続税評価額）は、木造なら建築価格の半値以下です。まずは夫が家を建て、それを妻に贈与することとすればどうなるか。

2,000万円の枠内に十分収まりますから、贈与税はかかりません。さらに、余った枠の部分で土地をもっと贈与することも可能でしょう。頭は使いようですね。

2 住宅取得資金贈与の特例

（1）親の名義で登記すれば贈与ではない

子供がマイホームを購入するとき、親が資金援助すればどうなるか。新居を子供の名義にしてしまうと、文句なしに贈与です。それを避けるには、親の名義で登記すること。親子で出しあった金額どおりに持ち分で登記すれば、贈与税の出番はありません。

親の名義になっている家でも、子供がそこに住むのに何ら支障はありません。家賃など支払う必要はなく、使用貸借にしてタダで借りておけばいいのです。将来、親に相続が発生した時点で、名実ともすべて子供の家になるという筋書きです。

（2）贈与税の恩典を利用する

相続まで待てない、あるいは親が資産家で相続税が大変という方は、贈与を考えます。とはいえ、贈与税はたいへん高くつく税金で、たとえば１千万円に対する税金は約２百万円、２千万円なら約６百万円──とてもじゃないけど、そんな贈与はやってられません。

でも、ご安心ください。鬼の税法（失礼！）にも仏ごころがあり、「住宅取得資金の贈与の特例」というのを用意しています。この特例を使えば、マイホームを買うとき親から資金援助を受けても、一定額まで贈与税はかかりません。非課税の限度額は、購入時期と住宅の種類に応じて、次のように定められています。

157

〈住宅取得資金贈与の非課税限度額〉

購入等の契約日	消費税8％または0％場合		消費税10％の場合	
	省エネ等住宅	その他	省エネ等住宅	その他
平成32年(2020年)3月まで	1,200万円	700万円	3,000万円	2,500万円
平成32年(2020年)4月から 平成33年(2021年)3月まで	1,000万円	500万円	1,500万円	1,000万円
平成33年(2021年)4月から 平成33年(2021年)12月まで	800万円	300万円	1,200万円	700万円

(注1) 消費税の税率は現行8％ですが、平成31年(2019年)10月に10％への引上げが予定されています。

(注2) 個人間で中古住宅を売買する場合、原則として消費税はかかりません。

(注3) 省エネ等住宅とは、国の省エネ等基準（断熱性能・免震構造・バリアフリー等）を満たすものをいいます。

（3）適用条件があれこれ

この特例には条件が次のようにあれこれ付されています。一つでも欠けたら適用できません。

〈住宅取得資金贈与特例の適用要件〉

① 直系尊属（父母・祖父母等）からの贈与であること

② 受贈者の年齢が1月1日現在で20歳以上であること

③ 贈与を受けた年の受贈者の合計所得金額が2,000万円以下であること

④ 贈与を受けた年の翌年3月15日までに住宅用家屋の購入、新築または増改築を行うこと

  （注1） 贈与資金を建物敷地の購入代に充てることも可能です。

  （注2） 国の耐震基準に適合する建物に限ります。

  （注3） 中古住宅は築後20年以内（マンションは25年以内）のものに限ります。

  （注4） 増改築は100万円以上の工事に限ります。

⑤ 取得した家屋の床面積が50m²以上240m²以下であること

⑥ 贈与を受けた年の翌年3月15日までにその家屋に居住すること、または同日以後遅滞なく居住することが確実であると見込まれること

VII 贈与税の特例

（4）もらう相手が限定

　まず、配偶者控除の特例と違って、この特例で渡せるのはお金だけ。家そのもので贈与することはできません。

　次に、資金をもらう相手は、父母または祖父母などに限ります。しかも、これは血族（血のつながりのある者）に限られますから、たとえば奥さんの父親から出してもらうというのはダメです。奥さん自身が実家の父親から出してもらうのならOKですが、その場合は家の登記をする際に、その分を奥さん名義にしないと、夫婦間での贈与問題が生じます。

（5）孫に贈与してもよい

　非課税限度額を超えてもっと贈与をしてやりたい、この特例を生かしながら……という人には、その願いがかなうやり方があります。もちろん息子の嫁に渡すのはダメ、ということはもう分かっていますね。

　どうするかといえば、ターゲットは20歳以上の孫──息子さんの子供に贈るのです。贈与税は受贈者にかかる税金ですから、非課税枠も与える側ではなく、もらう側の立場で計算します。

　お孫さんの人数いかんでは、非課税枠の何倍もの金額を安い税金で贈与することができます。とはいえその場合、家の登記に孫の名前がずらっと並びます。いくら節税のためとはいえ、そういう複雑な権利関係がいいのかどうか、別の観点から熟慮が必要です。

（6）説明書類を添付して確定申告

　この特例も申告要件です。贈与額が非課税限度額以下なので税金はゼロという場合も、確定申告してください。次のような書類を添付して、贈与税の申告書を税務署に提出します。

159

〈住宅取得資金贈与申告の添付書類〉

① 戸籍謄本 　　　――贈与者との親族関係を説明するため ② 不動産の登記事項証明書 　　　――受贈者がその建物等を取得したこと、建物の床面積を説明するため ③ 家屋の売買契約書、工事請負契約書、登記事項証明書等 　　　――贈与された金銭で住宅用家屋を取得したことを説明するため ④ 耐震基準適合証明書等 　　　――国の耐震基準に適合する建物であることの説明のため 　（注）省エネ等住宅の割増し特例を受けるときは、その証明書を添付します。 ⑤ 住民票 　　　――その家屋に居住していることを説明するため ⑥ 給与の源泉徴収票等 　　　――所得金額を説明するため

VII 贈与税の特例

3 教育資金贈与の特例

（1）孫への資金援助が非課税に

　団塊の世代を初めとして、裕福な老後を過ごしてらっしゃる方が結構いらっしゃいます。そういう方向けに、使い切れないお金を次世代に振り向けさせるための税制が設けられていて、直系尊属から直系卑属に教育資金を贈与するとき、１人につき『1,500万円』まで非課税とされます。

　もともと、子供や孫の教育資金を父母や祖父母が負担しても、それは扶養義務としての支出ですから、そこに贈与税の出番はなく、税務署がとやかく言う問題ではありません。ただ、税務署がおとなしくしているのは、“必要額を必要のつど”渡している場合です。たとえば、大学入学で下宿することになった子供の自立を促すため、４年間の学費や生活費を一括で子供に渡すなんてことをすると、俄然、税務署が出張ってきます。

　そうしたときに、この特例の出番です。あるいは、必要のつど渡すのでは相続税対策がはかどらない、もっと早く相続財産を減らしたい、というときもこの特例が威力を発揮します。

（2）366万円の贈与税が免除

　この特例の適用対象者として、贈与者は直系尊属に限ります。具体的には祖父母・父母といった面々です。一方、贈与を受けるのは、30歳未満の子・孫とされています。一般に、祖父母から孫への贈与のケースが多いようです。

　1,500万円までこの特例をフル活用すれば、本来なら366万円かかる贈与税が不要となります。

161

1,500万円 － 110万円 ＝ 1,390万円
　　　　　基礎控除

1,390万円 × 40% － 190万円 ＝ 366万円

贈与税の速算表（子・孫用）

課税価格	税率	控除額
200万円以下	10%	—
400万円以下	15%	10万円
600万円以下	20%	30万円
1,000万円以下	30%	90万円
1,500万円以下	40%	190万円
3,000万円以下	45%	265万円
4,500万円以下	50%	415万円
4,500万円超	55%	640万円

（注）　P.151の一般用と違い、この速算表は20歳以上の者が直系尊属から贈与を受ける場合に適用されます。税額がかなり軽減されていて、もしも一般用なら次の税額となります。

1,390万円 × 45% － 175万円 ＝ 450.5万円

（3）教育の役務提供の対価なら何でもOK

　この特例の適用対象となる"教育資金"は、学校等の設置者またはそれ以外の者に支払われる金銭です。学校等に支払う入学金、授業料、施設整備費などはもとより、学用品の購入費、修学旅行費、学校給食費なども含みます。また、学校等とは、学校教育法に定める小学校、中学校などの学校だけでなく、専修学校や各種学校でも構いません。外国への留学もOKです。さらに、条文では「教養、知識、技術または技能の向上のために直接支払われる金銭」とされていて、社会通念上の"教育"に該当するものなら何でもOKです。学習塾、ピアノ教室、スイミングスクールなども適用対象です。

Ⅶ 贈与税の特例

　ただし、教育に関する役務提供の対価として直接支払われるものに限ります。たとえば、どこかの書店で参考書を買ってもダメ。学校等に直接支払う書籍代でなければなりません。要するに、学校や塾の発行する領収書が手元にあるかどうかです。

　なお、非課税限度額は基本的に1,500万円ですが、いわゆる学校（専修学校、専門学校を含む）以外の、塾や習い事などの支払いは、1人あたり500万円が限度とされています。

（4）手続きは少々めんどう

　この特例は、最大366万円の納税が免除されるとあって、次のように少々面倒な手続きを要求されます。

　①　金融機関（信託銀行等）で口座を開設し、贈与者が資金を振り込む。
　　　　　　↓
　②　金融機関が税務署に「教育資金非課税申告書」を提出する。
　　　　　　↓
　③　次のいずれかのやり方で口座から教育資金を支払う。
　　　本人が立替払いし、領収書等を金融機関に提出して口座から払い出す。
　　　請求書等を金融機関に提示し口座から直接支払う。

（5）30歳時点でお金が残れば贈与税

　たとえば、祖父が思い立って孫に1,500万円を贈与した場合、それだけで贈与税が無税になる、ということではありません。この特例では、受贈者は30歳未満とされています。そこで、1,500万円をもらった孫は、そのお金を30歳までに教育資金として費消しなければなりません。使い切れないときは、残額に対して贈与税がかかります。ただし、不幸にして孫が30歳になる前に死亡したときは、さすがに贈与税の課税はありません。

163

この特例の適用が終わり、金融機関に開設した口座が終了するのは、次の時点とされています。

- 口座の残高がゼロになったとき
- 受贈者が30歳になったとき→残額に対して贈与税を課税
- 受贈者が30歳になる前に死亡したとき→贈与税の課税なし

（6）贈与者が先に死亡したとき残額は相続財産から除外

そもそも、教育にいくらお金がかかるか、文部科学省のホームページ等に、次のデータが掲載されていました。

① 幼稚園から高校まで公立で国立大学に進学した場合　約1,000万円

② 幼稚園から大学まですべて私立の場合　約2,300万円

一番高くつくのは、私立大学に進学し下宿・アパートに住まう場合で、大学4年間だけで約800万円かかるそうです（ちなみに自宅通学で国立大学なら4年間で約300万円とのこと）。

さてそこで、孫や子供に1,500万円の贈与をしたとき、私立一本コースならすべて費消できます。しかし、国公立コースの場合、とうてい使い切れません。ましてや、幼稚園からではなく、高校生や大学生になってから贈与しても、時すでに遅しです。この特例を有効に活用するためには、できるだけ早期に取りかかるのが肝要なようです。

なお、金融機関の口座が終了する前に贈与者が死亡したとき、残額は相続税の課税価格に加算しないこととされています。

4 結婚・子育て資金贈与の特例

（1）子や孫への資金援助が非課税に

直系尊属・卑属間での贈与にはもう一つ特例があって、結婚・子育て資金を贈与するとき、1人につき『1千万円』（結婚資金は3百万円が限度）まで非課税とされています。

贈与者は、教育資金贈与と同様、直系尊属（祖父母・父母など）に限

ります。一方、受贈者は20歳以上50歳未満の直系卑属（子・孫など）とされています。

適用対象となる資金は、次のものです。

① 婚礼（結婚披露宴を含む）・住居・引越しに要する費用

② 妊娠・出産に要する費用、子供の医療費・保育料

①の資金は３百万円、②は１千万円まで贈与税がかかりません。

教育資金の贈与と同様、もともと、子供や孫のためにこうしたお金を父母や祖父母が負担しても、それは扶養義務としての支出です。贈与税の出番はありません。ただし、"必要額を必要のつど"の渡し方を誤ると、課税問題が生じます。そうしたとき、この特例を利用すればいいでしょう。

（2）相続税対策の効果は教育資金贈与よりも薄い

支払い手続きは、教育資金贈与の場合と同じで、金融機関に口座を開設し、その口座を通して上記①や②の支払いをしなければなりません。

また、次の場合にこの口座は終了します。

残高がゼロになったとき

受贈者が50歳になったとき→残額に対して贈与税を課税

受贈者が50歳になる前に死亡したとき→贈与税の課税なし

なお、重要な点で教育資金贈与と違うのは、金融機関の口座が終了する前に贈与者が死亡した場合、この特例では残額が相続税の課税価格に加算されます。したがって、相続税対策として考えたとき、口座開設で対策完了とはならない点にご留意ください。

この章のまとめ

- 婚姻期間20年以上の夫婦間で自宅を贈与したとき、要件を満たせば2千万円の特別控除が適用されます。
- 家または家の購入資金のいずれでもOKですが、通常は家そのもので渡す方が有利です。
- 土地、建物のいずれで贈与するか、将来の売却時の譲渡所得課税を考慮して選択すべきです。
- 2千万円以内なら贈与税はかかりませんが、登録免許税と不動産取得税がかかります。
- 直系血族（卑属）に「住宅取得資金」を贈与したとき、年齢、所得、面積等の要件を満たせば、一定額まで贈与税がかかりません。
- 直系血族（卑属）に「教育資金」を贈与したとき、要件を満たせば1,500万円まで贈与税がかかりません。
  - →受贈者30歳時点でお金が残れば贈与税がかかります。
  - →相続時にお金が残っても相続税はかかりません。
- 直系血族（卑属）に「結婚・子育て資金」を贈与したとき、要件を満たせば1千万円（結婚資金は3百万円）まで贈与税がかかりません。
  - →受贈者50歳時点でお金が残れば贈与税がかかります。
  - →相続時に残ったお金には相続税がかかります。

Ⅷ 相続時精算課税制度

（1）2,500万円まで贈与税がかからない

　贈与税の基礎控除は年間110万円ですが、別途、2,500万円まで非課税とする制度があります。普通なら、2,500万円に対する贈与税は800万円強です。それを受け取らないというのですから、なんともおおように見えますが、もちろんこの話には裏があります。

　贈与した時点で、贈与税の課税はしない。そのかわり、将来相続が起きた折に相続税で課税するというもので、つまりは"課税繰延べ"の制度です。

　これは、父母や祖父母から子や孫に生前贈与する際、2,500万円まで贈与税を非課税とし、将来の相続時にその贈与財産を相続財産に加えて相続税を計算する制度で、「暦年贈与」（110万円非課税制度）との選択適用とされています。

（2）直系血族間での贈与に適用

　適用対象者として、まず贈与者は60歳以上の直系尊属（父母・祖父母）です。例外として、住宅取得資金を贈与する場合は60歳未満でもOKとされています。

　一方、受贈者は20歳以上の直系卑属（子・孫）です。夫婦間、兄弟間、甥や姪への贈与には適用されません。

　なお、贈与財産に制約はなく、金銭のほか不動産や株式など何でもOKです。さらに、贈与の回数にも制限はなく、数回や数年に分けての贈与でも構いません。

（3）相続時に過去の贈与税を精算する

　この特例による非課税枠は、父・母あるいは祖父・祖母それぞれ2,500万円ずつで、2,500万円を超える部分には一律『20%』の税率で贈与税がかかります。

　贈与があった後、贈与者に相続が発生すれば、いよいよ相続税の出番

です。相続税の計算で、この制度を適用した贈与財産と本来の相続財産を合算して相続税額を計算します。そこから過去に20％の税率で支払った贈与税を控除します。

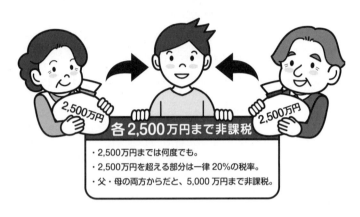

（4）贈与時の時価で相続税を計算

　ここで一つ注意を要するのは、相続財産と合算する際の贈与財産の評価額は、"贈与時の時価"によるという点です。現金預金なら同じですが、不動産や有価証券の場合、贈与時と相続時では通常、時価が異なるはずです。

　贈与時に1株3,000円だった株式が、その後暴落して（あるいは会社自体が倒産して消滅し）相続時点では無価値となっていても、3,000円で計上しなければなりません。

　この特例を受けるためには、贈与を受けた翌年の贈与税申告期限（3月15日）までに、贈与税の申告書と共に「相続時精算課税選択届出書」を提出しなければなりません。一度この届出書を提出すると、取り下げはできません。ということは、もはや年間110万円の基礎控除の適用はなく、以後、僅かな金額でも贈与を受けると即、贈与税の課税が生じます。

Ⅷ 相続時精算課税制度

相続時精算課税選択届出書

税務署受付印	受贈者	住 所 又は 居 所	〒 　　　　　電話（　　－　　　　－　　　　）
		フリガナ	
平成〇年〇月〇日		氏 名 （生年月日）	（大・昭・平　　　年　　　月　　　日）　**子**　㊞
〇〇 税務署長		特定贈与者との続柄	**長男**

　私は、下記の特定贈与者から平成＿＿＿年中に贈与を受けた財産については、相続税法第21条の9第1項の規定の適用を受けることとしましたので、下記の書類を添えて届け出ます。

記

1 特定贈与者に関する事項

住 所 又は居所	
フリガナ	
氏 名	**親**
生年月日	明・大・昭・平　　　年　　　月　　　日

2 年の途中で特定贈与者の推定相続人又は孫となった場合

推定相続人又は孫となった理由	
推定相続人又は孫となった年月日	平成　　　年　　　月　　　日

　（注）孫が年の途中で特定贈与者の推定相続人となった場合で、推定相続人となった時前の特定贈与者からの贈与について相続時精算課税の適用を受けるときには、記入は要しません。

3 添付書類
　次の（1）～（4）の全ての書類が必要となります。
　なお、いずれの添付書類も、贈与を受けた日以後に作成されたものを提出してください。
　（書類の添付がなされているか確認の上、□に✓印を記入してください。）
（1）□　**受贈者や特定贈与者の戸籍の謄本又は抄本**その他の書類で、次の内容を証する書類
　　　①　受贈者の氏名、生年月日
　　　②　受贈者が特定贈与者の推定相続人又は孫であること
（2）□　**受贈者の戸籍の附票の写し**その他の書類で、受贈者が20歳に達した時以後の住所又は居所を証する書類（受贈者の平成15年1月1日以後の住所又は居所を証する書類でも差し支えありません。）
　　　（注）　受贈者が平成7年1月3日以後に生まれた人である場合には、（2）の書類の添付を要しません。
（3）□　**特定贈与者の住民票の写し**その他の書類で、特定贈与者の氏名、生年月日を証する書類
　　　（注）1　添付書類として特定贈与者の住民票の写しを添付する場合には、マイナンバー（個人番号）が記載されていないものを添付してください。
　　　　　　2　（1）の書類として特定贈与者の戸籍の謄本又は抄本を添付するときは、（3）の書類の添付を要しません。
（4）□　**特定贈与者の戸籍の附票の写し**その他の書類で、特定贈与者が60歳に達した時以後の住所又は居所を証する書類（特定贈与者の平成15年1月1日以後の住所又は居所を証する書類でも差し支えありません。）
　　　（注）1　租税特別措置法第70条の3（（特定の贈与者から住宅取得等資金の贈与を受けた場合の相続時精算課税の特例））の適用を受ける場合には、「平成15年1月1日以後の住所又は居所を証する書類」となります。
　　　　　　2　（3）の書類として特定贈与者の住民票の写しを添付する場合で、特定贈与者が60歳に達した時以後（租税特別措置法第70条の3の適用を受ける場合を除きます。）又は平成15年1月1日以後、特定贈与者の住所に変更がないときは、（4）の書類の添付を要しません。

（注）この届出書の提出により、特定贈与者からの贈与については、特定贈与者に相続が開始するまで相続時精算課税の適用が継続されるとともに、その贈与を受ける財産の価額は、相続税の課税価格に加算されます（**この届出書による相続時精算課税の選択は撤回することができません。**）。

作成税理士		㊞	電話番号	

※	税務署整理欄	届出番号	－	名簿						確認	

（5）高齢者の財産を次世代へ早期に移転

　この特例は、平成15年に鳴りもの入りで創設されました。しかし、これ幸いと乗っかった人で、その後ほぞをかんでいる人が大勢いると思います。遺産総額が基礎控除以下なら将来の相続税の心配がいらない。その上さらに、この特例の適用で2,500万円まで贈与税もかからないということで、この特例を利用した人たちです。

　もともとこの特例が設けられたのは、高齢化の進展のもとで相続開始まで待っていると、高齢者の保有する財産が次世代になかなか移転しない。その移転時期を早めることで、日本経済の活性化につなげようという発想でした。それはそれで納税者にとっても悪いことではなく、新制度の導入が歓迎されました。

　問題はその先です。導入から十数年経過した平成27年に、相続税の課税ベースを広げるべく、基礎控除が4割削減されました。妻と子供2人の標準世帯で、それまで8,000万円あった基礎控除額が4,800万円にまで縮減されました。納税者にすれば、これは約束が違うだろう、と言いたいところです。将来の相続税の心配がないからこそこの特例を適用したのに、そうでなくなったのですから。

　しかも、後戻りは一切なしです。110万円の暦年贈与への道は、完全にシャットアウトされたままです。詐欺に遭ったと感じている人もいるのではないでしょうか。

（6）相続税対策には無力？

　結論として、この制度の選択はよくよく考えてからにするべきでしょう。将来、相続税の課税の心配がない人（相続財産が基礎控除以下の人）にとっては、確かにメリットがあります。しかし、配偶者と子供2人の人の基礎控除額は4,800万円です。それだけしか財産のない人が、この特例を使って2,500万円もの贈与をするなんて、まるで非現実的です。そういう人には110万円の非課税制度があれば十分でしょう。

VIII 相続時精算課税制度

　この特例の出番は、資産家の子供や孫たちの側によほどの資金需要があるときです。何か大きな買い物がしたい。住宅資金贈与、教育資金贈与、結婚・子育て資金贈与には、それぞれ特例が設けられていますが、そうした特例の対象とはならない、あるいは、金額的にその特例だけでは賄えないような贈与をするとき、この特例が威力を発揮します。

　なお、将来の相続税対策としてこの特例が役立つとすれば、確実に値上がりすると見込まれる資産があれば、それを贈与することです。あるいは、収益物件の不動産を贈与することで、家賃収入などによる現預金の流入を食い止めて、今以上に財産が増加しないようにするという効果も考えられます。

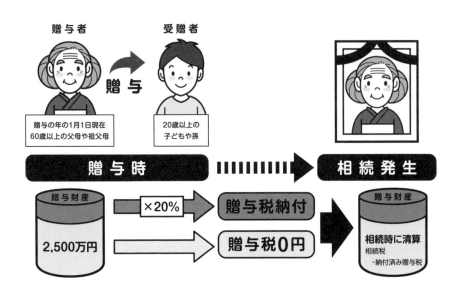

この章のまとめ

- 直系血族（卑族）への贈与につき2,500万円を非課税とする特例で、基礎控除110万円の非課税制度との選択で適用されます。
- 高齢者の財産を次世代へ早期に移転させる方策としてこの特例が創設されました。
- 贈与者は60歳以上、受贈者は20歳以上でなければなりません。
- 2,500万円を超える部分には、一律20％の税率で贈与税がかかります。
- 贈与財産の種類に制限はありませんが、将来の相続の際、すべて相続財産に算入されます。
  → 贈与財産と本来の相続財産を合算して相続税を計算し、贈与時の贈与税はそこから控除されます。
- 相続財産に合算する際の評価は、贈与時の評価額によります。
  → 将来、確実に値上がりすると見込まれる資産を贈与すれば相続税対策になります。

Ⅸ

生前贈与を考える

1　限界税率の話

（1）生前贈与をどこまでするか

　相続税対策で生前に贈与をする、それも110万円の基礎控除にこだわらず、贈与税を払ってもっと積極的に贈与する。資産家の方にとって一考に値する話ですが、その際、贈与税は累進度合いのきわめてキツイ税金だ、という点に注意を払う必要があります。将来の相続税が減るのはいいけれど、その金額以上に贈与税を納める、なんてことでは本末転倒です。

　相続税の税率を正確に把握し、それを上回らない範囲で贈与する。これが生前贈与の鉄則です。さてその場合、その税率をどのようにはじくかです。

（2）平均税率と限界税率

　税金問題を検討するとき、"限界税率"の考え方が大切です。相続税や贈与税の話の前に、所得税についてそのことを説明します。たとえば、課税所得１千万円の人にかかる所得税額は、速算表を使えば、次のように簡単に1,764,000円と計算できます。

　　　1,000万円×33%－1,536千円＝1,764,000円

所得税の速算表

所得金額	税　率	控除額
195万円以下	5%	―
330万円以下	10%	97.5千円
695万円以下	20%	427.5千円
900万円以下	23%	636千円
1,800万円以下	33%	1,536千円
4,000万円以下	40%	2,796千円
4,000万円超	45%	4,796千円

173

そこで、この人の税率が何パーセントなのかと問えば、まずは次の計算で『17.64％』という答えが返ってくるでしょうが、それは"平均税率"です。

　　1,764,000円÷1,000万円＝17.64％

（3）税金の試算で大切なのは限界税率

　実のところ、この平均税率なる代物にはあまり意味がありません。節税などを考える際に必要なのは限界税率です。所得税の税率は超過累進になっていて、1千万円に対する所得税は、正確には次のように計算します。

　　195万円×5％＋（330万円－195万円）×10％
　　＋（695万円－330万円）×20％＋（900万円－695万円）
　　×23％＋（1,000万円－900万円）×33％
　　＝1,764,000円

（注）　195万円以下の部分に5％、
　　　　195万円を超え330万円以下の部分に10％、
　　　　330万円を超え695万円以下の部分に20％、
　　　　695万円を超え900万円以下の部分に23％、
　　　　900万円超の部分には33％の税率を適用する計算です。

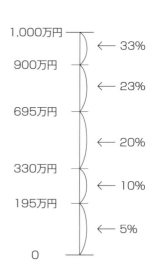

　実際にはこんな計算はめんどうなので、簡単に計算できるよう速算表が与えられているのですが、本来の計算はこのようにします。

（4）限界税率で節税額はすぐ分かる

さて、上記の計算で適用される一番高い税率を"限界税率"といい、この場合は『33%』です。この税率を把握していれば、次のように便利な計算ができます。

〈問〉この人の所得が100万円増加すれば所得税はいくら増えるか？
〈答〉100万円×33％＝33万円

速算表で1,100万円に対する税額を、1,100万円×33％－1,536千円＝2,094,000円と求め、1,000万円に対する税額との差し引きで、2,094,000円－1,764,000円＝330,000円、などとまわりくどい計算をする必要はありません。

なお、平均税率を使って100万円×17.64％＝176,400円の増加、なんていう計算は間違いです。所得が減少したときも、この限界税率を使って節税額を簡単に求めることが可能です。

（5）生前贈与額を限界税率で考える

相続税や贈与税の節税話をするときも、限界税率が強力な武器となります。たとえば、10億円の財産を持っている人がいるとします。相続人が妻と子供2人の合計3人なら、相続税額は次のように計算します。

（基礎控除額）
　　3,000万円＋600万円×3人＝4,800万円
（課税遺産総額）
　　10億円－4,800万円＝9億5,200万円

（相続税の総額）

妻：9億5,200万円×$\frac{1}{2}$＝4億7,600万円

4億7,600万円×50％－4,200万円＝1億9,600万円……①

子：9億5,200万円×$\frac{1}{2}$×$\frac{1}{2}$＝2億3,800万円

2億3,800万円×45％－2,700万円＝8,010万円……②

①＋②×2人＝3億5,620万円

相続税の速算表

取得価額	税　率	控除額
2億円以下	40％	1,700万円
3億円以下	45％	2,700万円
6億円以下	50％	4,200万円

（配偶者の税額軽減額）

妻が遺産の半分（10億円×$\frac{1}{2}$＝5億円）を相続し特例をフルに受けるとすれば、

3億5,620万円×$\frac{5億円}{10億円}$＝1億7,810万円

（各人の納付税額）

妻：3億5,620万円×$\frac{1}{2}$－1億7,810万円＝0

子：3億5,620万円×$\frac{1}{2}$×$\frac{1}{2}$＝8,905万円……③

③×2人＝1億7,810万円

結論として、子供2人で合計1億7,810万円もの税金を納めることになります。

Ⅸ 生前贈与を考える

（6）贈与税は高い

　これは大変！ということで生前贈与を考えます。その際に考慮すべきは、贈与税はとびきり高い税金だということ。たとえば5百万円の贈与で税金が48.5万円（9.7％）、1千万円で177万円（17.7％）、2千万円で585.5万円（29.27％）、3千万円なら1,035.5万円（34.51％）とみるみる税額がふくれ上がっていきます。

 計算してみよう

〈500万円贈与したとき〉
　　500万円−110万円（基礎控除）＝390万円
　　390万円×15％−10万円＝48.5万円
　　48.5万円÷500万円＝9.7％

〈1,000万円贈与したとき〉
　　1,000万円−110万円（基礎控除）＝890万円
　　890万円×30％−90万円＝177万円
　　177万円÷1,000万円＝17.7％

〈2,000万円贈与したとき〉
　　2,000万円−110万円（基礎控除）＝1,890万円
　　1,890万円×45％−265万円＝585.5万円
　　585.5万円÷2,000万円＝29.27％

〈3,000万円贈与したとき〉
　　3,000万円−110万円（基礎控除）＝2,890万円
　　2,890万円×45％−265万円＝1,035.5万円
　　1,035.5万円÷3,000万円＝34.51％

贈与税の速算表（子・孫用）

課税価格	税率	控除額
400万円以下	15%	10万円
600万円以下	20%	30万円
1,000万円以下	30%	90万円
1,500万円以下	40%	190万円
3,000万円以下	45%	265万円
4,500万円以下	50%	415万円
4,500万円超	55%	640万円

　ここは冷静に、相続税と贈与税の税率を比較して判断しましょう。ただし、この贈与税の税率と比較する相続税の税率を1億7,810万円÷10億円＝17.81％と計算しても、それは平均税率で意味がありません。あくまで限界税率で考えます。

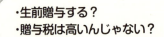

（7）贈与は23.75％の税率以内で

　相続税の限界税率は、次のように計算します。まず、前記（5）の相続税総額の計算過程で出てくる50％と45％の税率にご注目ください。遺産のうち妻が相続する部分 $\left(\frac{1}{2}\right)$ に50％、子供の相続分 $\left(\frac{1}{2}\right)$ には45％をかけますから、全体としての税率は平均して47.5％です。

178

IX 生前贈与を考える

　次に、前記の計算で最後に、配偶者の特例を適用して税額を半分にしています。ということは限界税率も半分に下がって『23.75%』——これが求める答えです。

　実際に計算すれば分かりますが、遺産が1億円減って9億円になれば、相続税は1億円×23.75%＝2,375万円だけ減少します。

（課税遺産総額）
　　9億円－4,800万円（基礎控除）＝8億5,200万円

（相続税の総額）
　　妻：8億5,200万円×$\frac{1}{2}$＝4億2,600万円
　　　　4億2,600万円×50%－4,200万円＝1億7,100万円……①
　　子：8億5,200万円×$\frac{1}{2}$×$\frac{1}{2}$＝2億1,300万円
　　　　2億1,300万円×45%－2,700万円＝6,885万円……②
　　①＋②×2人＝3億870万円

（配偶者の税額軽減額）
　　妻が遺産の半分（9億円×$\frac{1}{2}$＝4億5,000万円）を相続し特例をフルに受けるとすれば、
　　3億870万円×$\frac{4億5,000万円}{9億円}$＝1億5,435万円

（各人の納付税額）
　　妻：3億870万円×$\frac{1}{2}$－1億5,435万円＝0
　　子：3億870万円×$\frac{1}{2}$×$\frac{1}{2}$＝7,717.5万円……③
　　　③×2人＝1億5,435万円

（節税額）
　　1億7,810万円－1億5,435万円＝2,375万円

さてそこで、生前贈与をいくらするかです。先ほどの計算で、2,000万円の贈与なら29％の贈与税――これでは相続税の代わりに贈与税を納めるようなもので、対策になりません。このケースではもう少し控えめに贈与するのが得策、ということが分かります。

(8) 理屈では47.5％まで贈与できるが？

なお、配偶者の特例を受けるためには、実際に配偶者が遺産を相続しなければなりません。そこで、生前贈与に関してこういう考え方もできます。つまり一次相続で配偶者の特例を受けると、遺産が妻の手に渡り二次相続で子供にその分の税金がかかる。したがって、一次と二次の相続税額を合計すればこの特例はないのと同じ、という判断です。

確かにその考えは正解です。さりとて限界税率を考える際、先ほどのように税率を半分に下げず『47.5％』で生前贈与を実行するという結論の出し方、これは少し乱暴だと思います。

理屈はそれで正しいのですが、その税率まで贈与するとなると贈与金額が約9,400万円、その際の贈与税が4,469万円となります。しかし、一度に4,000万円以上もの税金を払うだなんて、誰しも躊躇しますよね。常識的にはやはり、『27.5％』を限界税率と考えて行動するのが無難でしょう。

計算してみよう

〈9,400万円贈与するとき〉
　　　　　　　　基礎控除
　9,400万円－110万円＝9,290万円
　9,290万円×55％－640万円＝4,469.5万円
　4,469.5万円÷9,400万円≒47.5％

IX 生前贈与を考える

2 実践アドバイス（Kさんのケース）

　資産家のKさん。所有地を路線価で評価したところ、それだけで約50億円。このまま相続を迎えたら大変です。よし、生前贈与に取り組もう！ということで、自分なりに贈与プランを立ててみました。

〈Kさんの贈与プラン〉

① 「贈与税の配偶者控除」を利用して、妻に自宅敷地（相続税評価額1億5,000万円）の5分の1を贈与する。

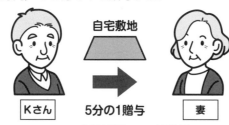

1億5,000万円 × $\frac{1}{5}$ － 2,000万円（配偶者控除） － 110万円（基礎控除） ＝ 890万円
890万円 × 40％ － 125万円 ＝ 231万円（贈与税額）

贈与税の速算表（一般用）

課税価格	税率	控除額
600万円以下	30％	65万円
1,000万円以下	40％	125万円

② 長女に賃貸アパートの建物（固定資産税評価額800万円）を贈与する。

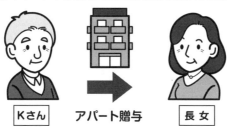

800万円 － 110万円（基礎控除） ＝ 690万円
690万円 × 30％ － 90万円 ＝ 117万円（贈与税額）

贈与税の速算表（子・孫用）

課税価格	税率	控除額
200万円以下	10%	―
400万円以下	15%	10万円
600万円以下	20%	30万円
1,000万円以下	30%	90万円
1,500万円以下	40%	190万円
3,000万円以下	45%	265万円
4,500万円以下	50%	415万円

③ 長男には、長男の自宅敷地（相続税評価額3,000万円、長男が父親から借りている土地）を贈与する。

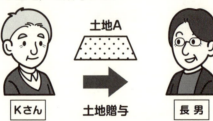

　　　　　　　　　借地権割合　　基礎控除
3,000万円×(1－70%)－110万円＝790万円
790万円×30%－90万円＝147万円（贈与税額）

④ 次男には、次男の自宅敷地（相続税評価額2,000万円、次男が父親から借りている土地）を贈与する。

　　　　　　　　　借地権割合　　基礎控除
2,000万円×(1－70%)－110万円＝490万円
490万円×20%－30万円＝68万円（贈与税額）

IX 生前贈与を考える

（1）貸家の評価は下がる

以下、Kさんのプランに対するコメントです。まず、長女に贈与する建物は貸家ですから、借家権が付いている。ということは、借家権の分だけ評価が下がります。借家権割合は『30%』ですから、正しくはこういう計算になります。

800万円×（1－30%）－110万円＝450万円

（借家権割合）（基礎控除）

450万円×20%－30万円＝60万円（贈与税額）

（2）使用貸借の土地は更地評価

長男と次男に貸している土地は、たぶん使用貸借でしょうから借地権は発生してません。借り手に権利が生まれるのは、権利金と地代を支払って賃貸借で借りていればこそ。親子間の貸し借りでは通常、そういう状態は考えられず使用貸借です。

となると、2つの土地はまるまるの更地評価で、長男は3,000万円、次男は2,000万円の贈与として計算しなければなりません。

計算してみよう

長男：3,000万円－110万円＝2,890万円

（基礎控除）

2,890万円×45%－265万円＝1,035.5万円（贈与税額）

次男：2,000万円－110万円＝1,890万円

（基礎控除）

1,890万円×45%－265万円＝585.5万円（贈与税額）

これはすさまじい税金です。2人にお金があればまだしも、税金をKさんが肩代わりすれば、そこにまた贈与税がかかるし……もう少し、現実的なプランに練り直す必要があります。

（3）贈与を分ければ節税になる

同じだけ贈与するとき、税負担を減らすには細切れに贈与することです。何年かに分けて、あるいは人数を増やして贈与することを考えてみましょう。

183

たとえば、長男に子供が２人いて、長男を含め３人を相手に贈与することにすれば、贈与税はこうなります。

◀ 計算してみよう ▶

$3{,}000万円 \times \dfrac{1}{3} = 1{,}000万円$

1,000万円 － _{基礎控除}110万円 ＝ 890万円

890万円 × 30％ － 90万円 ＝ 177万円

177万円 × ３人 ＝ 531万円（贈与税額）

　１人なら1,035.5万円でしたから、３人に贈与すれば贈与税は半分で済みます。

　ついでにもう一つ、２年間に分けて３人に贈与すればどうなるか、計算してみましょう。

$3{,}000万円 \times \dfrac{1}{3} \times \dfrac{1}{2} = 500万円$

500万円 － _{基礎控除}110万円 ＝ 390万円

390万円 × 15％ － 10万円 ＝ 48.5万円

48.5万円 × ３人 × ２年 ＝ 291万円（贈与税額）

　もともとのＫさんの計算と比べて、1,035.5万円－291万円＝744.5万円も税額が減りました。

（4）具体的に計算してみる

　以下、アドバイザーの方への助言です。

　お客さまにアドバイスするときは、こうやって何通りかの計算をし、その中からお客さまの判断で選んでもらうことです。人数を増やせば、あるいは年を分ければ税金が減る。それを言うだけではアドバイスになりません。具体的に数字で示してあげること、そうでないとお客さまは決断できません。

IX 生前贈与を考える

　それから、アドバイザーの仕事は、計算さえすればいいというものでもありません。計算結果に基づいてお客さまが判断する際の"指針"を提供しなくてはなりません。Kさんの話でいけば、どこまで贈与税を払うかは、将来の相続税の税率との兼ね合いです。

　贈与税の税率が、相続税の税率を上回らないようにしなければなりません。先ほど説明したとおり、その際に使うのは"限界税率"です。

（5）平均税率と限界税率

　Kさんの相続財産を50億円として、相続税の計算をしてみます。

計算してみよう

妻：50億円×$\frac{1}{2}$＝25億円

　　25億円×55％－7,200万円＝13億300万円……①

子：50億円×$\frac{1}{2}$×$\frac{1}{3}$＝8億3,333万円

　　8億3,333万円×55％－7,200万円≒3億8,630万円……②

（注）　基礎控除が5,400万円ありますが、焼け石に水なので無視します。

①＋②×3人＝24億6,190万円

配偶者の税額軽減の特例をフルに適用して納付税額は、

　　24億6,190万円×$\frac{1}{2}$＝12億3,095万円

相続税の速算表

取得価額	税　率	控除額
6億円以下	50％	4,200万円
6億円超	55％	7,200万円

　さてここで、12億3,095万円÷50億円≒24.6％と計算し、平均税率をはじいてみてもあまり意味がない。生前贈与の分岐点を求めるには、限界税率を把握しなければなりません。

　限界税率は次のようにして計算するのでしたね。上記の相続税総額の計算で適用している税率は、妻と子供がいずれも55％なのでこれが限

185

界税率です。

　ただし、ここでもう一つ考慮すべきは配偶者の特例。この特例をフル
に適用すれば実際に納める税金は半分ですみます。ということは、限界
税率もその２分の１で『27.5％』。これが求める答えです。

（6）限界税率で節税額が分かる

　この限界税率を使って計算すれば、たとえば長男に贈与してＫさんの
財産が3,000万円減ったとき、相続税は3,000万円×27.5％＝825
万円減少するはずです。本当にそうなるかどうか、正規の計算で確かめ
てみます。

◀ 計算してみよう ▶

　妻：49億7,000万円×$\frac{1}{2}$＝24億8,500万円

　　　24億8,500万円×55％－7,200万円＝12億9,475万円……①

　子：49億7,000万円×$\frac{1}{2}$×$\frac{1}{3}$＝8億2,833万円

　　　8億2,833万円×55％－7,200万円≒3億8,358万円……②

　　①＋②×３人＝24億4,549万円

　配偶者の税額軽減の特例をフルに適用して納付税額は、

　　　24億4,549万円×$\frac{1}{2}$≒12億2,274万円

　よって軽減額は、

　　　12億3,095万円－12億2,274万円＝821万円

　計算過程での端数処理の関係でぴったりとはいきませんが、たしかに
同じ答えとなりました。

（7）贈与税の平均税率と比較

　さてこうなると、長男に3,000万円の生前贈与をするのが是か非か、
明確に答えが出ます。一度に贈与すると1,035.5万円もの税金がかか
るから不可。だけど3人を相手にすれば、一度の贈与で531万円、2
年に分ければ291万円ですむ。これなら検討の余地あり、というのが

186

結論です。

　Kさんが立てたプランにつき、贈与税の税率（平均税率）を計算するとこうなります。

計算してみよう

〈妻への贈与〉
　　231万円÷3,000万円＝7.7％
〈長女への贈与〉
　　60万円÷800万円＝7.5％
〈長男への贈与〉
　・一度に贈与：1,035.5万円÷3,000万円＝34.5％
　・3人に贈与：531万円÷3,000万円＝17.7％
　・2年で3人に贈与：291万円÷3,000万円＝9.7％
〈次男への贈与〉
　　585.5万円÷2,000万円＝29.2％

　相続税の限界税率（27.5％）に照らして、長男と次男に一度に贈与するプランは論外。逆に、妻と長女へはもう少し積極的に贈与してもいいのかな、といった感じですね。

(8) アドバイザーの役割

　税金問題はトータルで考えなければなりません。いくら将来の相続税が減るからといって、贈与税の負担がそれ以上に増えれば何にもならない。また、そのほかにもいろいろ考えるべき要素があります。

　たとえば、相続対策で会社を作るなら、その会社の法人税の負担がどうなるか。それと個人が会社からもらう給料や地代に対して所得税はいかほどかかるか。あるいは不動産を動かすとなると、登録免許税や不動産取得税。細かい話では、契約書などに貼る印紙税のこと……。

　さらには、相続対策用に作った会社から給料や地代をもらって、それ

をそのまま放っておくと、相続財産として現預金がどんどんふくらんでいくから、それをどうするか。そういったことをトータルで考え、一番得になる方法を提案する、それがアドバイザーの役割でしょう。

この章のまとめ

- ●税金の試算で大切なのは限界税率で、これは所得税や相続税の計算をする際に適用する累進の税率のうち一番高い税率をいいます。
- ●相続税対策で生前贈与をする際、いくらまでなら有利であるかは、限界税率を使えばすぐに計算できます。
- ●税金問題はトータル（相続税・所得税・法人税etc.）で考えることが肝要です。
- ●お客さまにアドバイスするときは具体的な数字で示してあげましょう。

X 生命保険の上手なかけ方

1 保険金にかかる税金（M子さんのケース）

　交通事故でご主人を亡くしたM子さんに、ご主人のかけていた生命保険金２千万円がおりました。ほかにM子さんがご主人にかけていた保険で、M子さんと息子さんが受取人のものが５百万円ずつあります。さて、この合計３千万円の保険金は相続財産として申告するのでしょうか。

（1）契約形態により３通りの課税関係

　受け取った３口の保険はそれぞれ契約のしかたが違い、まとめると次のようになります。

	契約者	被保険者	受取人
A（2,000万円）	夫	夫	妻
B（500万円）	妻	夫	妻
C（500万円）	妻	夫	子

　いずれも相続時点で保険金がおりますが、かかってくる税金は相続税、所得税、贈与税に分かれます。

（2）契約者イコール被保険者なら相続税

　通常よくある保険のかけ方は、Ａタイプでしょう。夫が自らを被保険者にして、妻や子供に保険金を残すというものです。本来は、受け取った人の所得とすべき筋合いのものかもしれませんが、税法ではこれを相続財産とみて（みなし相続財産）、「相続税」をかけることにしています。

　ほかの相続財産と違って、この受取り保険金は遺産分割の対象になりません。受取人を妻と指定していれば、それは当然に妻が受け取ることになります。子供が受け取るなんてことをすると贈与です。妻に相続税

189

がかかり、さらに子供には贈与税がかかってきます。

（３）１人あたり５百万円の非課税枠

　死亡保険金は相続人１人あたり５百万円まで非課税とされます。この非課税枠は、誰がいくら保険金を受け取るかに関係なく、相続人の人数に応じて機械的に計算します。たとえば、相続人が３人なら500万円×３＝1,500万円まで非課税です。つまり、２千万円の保険金がおりても課税対象は５百万円だけ。受取人のM子さんは、５百万円に対する税金だけ納めればいい、ということです。

（４）妻が契約者のものには所得税か贈与税

　次に、M子さんが契約者で保険料を支払っていた２口（B・Cタイプ）の保険、これには受取人が本人なら「所得税」、本人以外なら「贈与税」がかかります。

　保険料を払うということは、M子さんが積立て預金をしてきたのと同じで、その保険はM子さんの財産です。ぶしつけな言い方ですが、ご主人の死亡時点を満期日として、預金の満期払戻しと同じ意味あいで保険がおりた、とみます。

（５）本人が受取人なら一時所得

　M子さん自身が受取人となっているBタイプでは、M子さんの「一時所得」となります。所得金額は「収入－必要経費」の計算で求めます。これまでに払い込んだ保険料を３百万円とすれば、

$$\overset{\text{収　入}}{500万円}-\overset{\text{必要経費}}{300万円}=\overset{\text{所　得}}{200万円}$$

　さらに、一時所得には『50万円』の特別控除があり、控除後の金額の２分の１だけが課税対象となりますから、

$$（200万円-50万円）\times\frac{1}{2}=75万円$$

　ここから基礎控除などの所得控除額を差し引いた金額に対し税額を計算しますから、この場合、所得税はたいした負担にはならないでしょう。

たとえば、ほかには所得がなく、また所得控除も基礎控除しかないものとして税額を計算すれば、次のとおりです。

75万円－38万円＝37万円
（基礎控除）

37万円×5％＝1万8,500円（所得税額）

所得税の速算表

所得金額	税　率	控除額
195万円以下	5％	―

なお、超低金利の現在では、そもそも上の計算のように2百万円もの利益が出たりはしないでしょう。差引き所得金額が50万円以内であれば、申告は不要です。

（6）本人以外が受取人なら贈与税

最悪なのはCタイプで、契約者以外の者が保険金を受け取ると、それは贈与になります。満期がきた定期預金の払戻し金を、名義人以外の者が受け取るのと同じことですからね。

贈与税は財産課税なので、税額計算で必要経費はいっさいなし。基礎控除の110万円しか控除できません。

500万円－110万円＝390万円
（受取保険金）（基礎控除）（課税価格）

390万円×15％－10万円＝48万5,000円（贈与税額）

贈与税の速算表（子・孫用）

課税価格	税　率	控除額
200万円以下	10％	―
400万円以下	15％	10万円

保険金が同じ5百万円でも、契約形態の違いで税金が大きく違ってくる点にご注目ください。

2　生命保険を使った相続対策は？

（1）1人5百万円の非課税枠利用が第一歩

　いわゆる資産家の方でも、財産の大半が不動産で金融資産はあまりない、という場合がけっこうあります。相続税の納税資金対策として、そういう人には生命保険の活用をお勧めします。

契約形態	契約者	被保険者	受取人	課税関係
A	夫	夫	妻／子	相続税（みなし相続財産）
B	妻／子	夫	妻／子	所得税（一時所得）
C	妻	夫	子	贈与税
D	夫	妻／子	夫	相続税（保険契約の権利）

　先に説明したように、保険にはいろんなかけ方がありますが、オーソドックスなのはご主人が被保険者で、保険料もご自身で支払い、保険金の受取人が遺族というかけ方（Aタイプ）でしょう。

　相続人1人あたり5百万円まで非課税ですから、たとえば相続人が4人なら、500万円×4＝2,000万円までこのタイプの保険に入る──これが生命保険を活用した相続対策の第一歩です。

（2）同族会社で保険をかける

　非課税枠の話の応用編として、同族会社を持っている人は、会社を契約者とした保険の加入をご検討ください。将来、オーナーの相続で遺族が会社から退職金を受け取るとき、死亡退職金にも死亡保険金と同額の非課税枠があるからです。

　本来、退職金には所得税がかかりますが、死亡退職金は"みなし相続財産"として相続税で課税することになっています。その際、保険金と

X 生命保険の上手なかけ方

同じように、たとえば相続人が４人いれば２千万円まで相続税はかかりません。

　この扱いを有効に活用するため、"契約者"と"受取人"を会社にしたB′タイプの保険に入ることです。

契約形態	契約者	被保険者	受取人	課税関係
B′	会社	夫	会社	法人税

　この保険で注意すべきは、受取人が会社だという点です。つまり、相続が発生したとき保険金は会社に支払われます。直接遺族の手には渡りません。通常、会社は保険金を原資として、退職金を遺族に支払います。受取り保険金（収益）と支払い退職金（費用）が同額なら、会社に税金（法人税）はかかりません。

　そこで遺族は、通常のAタイプの保険金のほか、会社経由で別途無税の保険金を手に入れることができます。

（３）一時所得課税の利用も考える

　上記の非課税枠を使い切ったら、次はこういう保険を考えましょう。被保険者は同じくご主人ながら、保険料は他の人（妻や子）が支払い、受取人もその人にしておくBタイプの保険です。

契約形態	契約者	被保険者	受取人	課税関係
B	妻／子	夫	妻／子	所得税（一時所得）

　この場合、ご主人の死亡で保険金がおりますが、課税面でこれは受け取った人（妻や子）の一時所得になります。Aタイプは相続税、Bタイプは所得税で課税されますが、どちらが得か……検討してみる値打ちがあります。

　ケース・バイ・ケースですが、相続財産が少ない人は相続税で課税さ

193

れるほうが有利、財産が大きい人なら相続税の税率が高くなるから、むしろ所得税の課税のほうが安上がりです。

　大雑把な言い方ですが、通常の場合、一次相続で配偶者がいるときは、税額軽減の特例があるから相続税で課税、二次相続のときは一時所得の課税の方が有利です。

（4）Cタイプは受取人を変更しよう

　あと、贈与税の課税対象となるCタイプがありますが、税負担を考えればこのかけ方は論外です。

契約形態	契約者	被保険者	受取人	課税関係
C	妻	夫	子	贈与税

　100万円、200万円の簡易保険程度ならまだしも、それ以上に高額な保険に入ると、とんでもない税負担をこうむることになります。Aタイプと違って、このタイプの保険には1人5百万円の非課税枠はありません。

　保険会社に申し出れば、受取人はいつでも変更できます。変更に対して課税問題は生じません。このタイプの保険に入っている方は、いますぐ受取人を変更してBタイプに切り替えておくべきです。

（5）保険料の贈与は一石二鳥

　とかく贈与は敬遠されますが、保険がらみでこういう上手な利用法もあります。それは子供を契約者としてBタイプの保険に入る際、保険料は親が負担するというものです。

　年110万円以内の保険料なら、基礎控除額以下なので贈与税はかかりません。受取人を契約者の子供にしておけば、将来の相続税の納税資金対策になります。また、親の財産が保険料支払額の分だけ減るので相続財産減らしにもなるという、一石二鳥の相続税対策です。

　このやり方で気をつけるべきは、税務では保険の契約者より〝保険料

X 生命保険の上手なかけ方

負担者"を重視するということ。契約者が子供でも、親が保険料を支払っているということなら、その保険はＡタイプとなり、保険金は相続財産に取り込まれてしまい生前贈与が成立しません。

契約形態	契約者	保険料負担者	被保険者	受取人	課税関係
A	子	夫	夫	子	相続税（みなし相続財産）
B	子	子	夫	子	所得税（一時所得）

　親が子供に現金を贈与し、そのお金で子供自身が保険料を支払った、という姿でなければなりません。親が保険会社へ保険料を振り込んだりしてはダメ、まずは子供の手に現金を渡すのがポイントです。贈与事実を証明するのに一番はっきりしたやり方は、あえて110万円を超える贈与をして贈与税の申告をすることです。110万円を少々オーバーしてもたいした税負担にはなりません。ご検討ください。

（6）Ｄタイプは権利の相続

　最後に、Ｄタイプをご紹介しましょう。妻や子供を被保険者にして夫が保険をかけるという、少々"危険な"においのする保険で、相続税対策用ではないのですが、この形態の保険も時々目にします。

契約形態	契約者	被保険者	受取人	課税関係
D	夫	妻／子	夫	相続税（保険契約の権利）

　このかけ方だと、夫が亡くなったとき保険金はおりません。その代わり、夫がこれまで保険料を払ってきたその保険の"権利"を、相続で誰が引き継ぐかという問題が生じます。通常は被保険者である妻や子供が新たな契約者となるでしょう。そうするとそこから、ＡまたはＢのタイプの保険に切り替わります。

　相続税を計算する際、このタイプの保険にはＡタイプのような１人５

195

百万円の非課税枠はなく、相続財産として"解約返戻金額"で評価します。相続時点で解約する場合に支払われる額ですが、その金額は保険会社に計算してもらうことになります。

（7）Ｄタイプはかつてのお薦め商品

　余談ですが、かつては生命保険契約の権利を「払込保険料の70％相当額」で評価していました。また、一時払いなら払込保険料の金額そのもので評価することとされていました。つまり、預金や有価証券で運用する場合と比べ、この保険なら評価額がかなり安上がりとなります。

　そこで、預貯金をこのタイプの保険に切り替えておき、相続した後、解約して納税資金に充てるもよし、そのまま保険を継続して二次相続の時まで預けておくのもよし、と融通が利くので相続対策上のお奨め商品となっていました。

　ただし、この話が通用したのは平成18年3月まで。同年4月1日以降、その取扱いは完全に廃止されています。そうした経緯のなごりとして現在、このタイプの保険が世の中にいまだ残っているものと思われます。

X 生命保険の上手なかけ方

この章のまとめ

●保険金の受取りは、契約形態により4通りの課税関係が生じます。

契約形態	契約者	被保険者	受取人	課税関係
A	夫	夫	妻/子	相続税（みなし相続財産）
B	妻/子	夫	妻/子	所得税（一時所得）
C	妻	夫	子	贈与税
D	夫	妻/子	夫	相続税（保険契約の権利）

●契約者（正確には保険料負担者）・被保険者・保険金受取人が誰かで、課税関係が異なります。
●Aタイプ：契約者と被保険者が夫で受取人が妻・子なら、相続税がかかります。
　→相続人1人あたり5百万円の非課税枠があります。
●Bタイプ：夫を被保険者として妻・子が契約者かつ受取人なら、所得税がかかります。
　→一時所得なので50万円特別控除および2分の1課税が適用されます。
●Cタイプ：夫を被保険者として契約者と受取人がそれぞれ別のとき、贈与税がかかります。
　→必要経費は一切なく、受取り額にもろに税金がかかります。
　　→保険金受取人はいつでも変更できるので、契約者と一致させるのが賢明です。

●同族会社があれば、夫を被保険者として会社が契約者かつ受取人の契約形態もお薦めです。

契約形態	契約者	被保険者	受取人	課税関係
B'	会社	夫	会社	法人税

→会社で受け取る保険金相当額を死亡退職金として遺族に支給すれば、相続人1人あたり5百万円の非課税枠が利用できます。

●保険料相当額を子に贈与し、Bタイプ（親が被保険者、子が契約者かつ受取人）の保険に入れば、親の相続財産減らしに役立ちます。

契約形態	契約者	保険料負担者	被保険者	受取人	課税関係
B	子	子	夫	子	所得税（一時所得）

●Dタイプ：妻・子を被保険者として夫を契約者かつ受取人とする保険もあります。

→生命保険契約の権利が相続財産となり、相続税がかかります。

→かつて評価面での有利さから流行りましたが、規制され今は解約返戻金額で評価します。

XI 相続税対策のプランニング

(1) 具体例によるプランニング（Tさんのケース）

　保有資産が10億円のTさんについて、相続税対策のプランニングをしてみます。Tさんの家族構成、保有資産の内訳等は次のとおりです。

〈家族構成〉

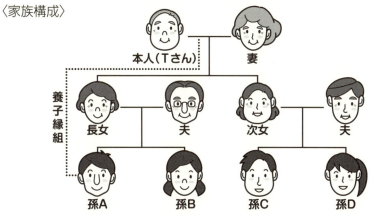

〈保有資産〉

内　訳	金　額	備　考
土　　　地	1億6,000万円	自宅、長女宅、賃貸マンション3室の敷地
建　　　物	3,000万円	同上の家屋
T 産 業 株 式	1億1,000万円	同族会社（不動産賃貸業）の株式
上 場 株 式 等	1億5,000万円	上場株式、国債、投資信託
預　貯　金	3億4,000万円	普通預金、定期預金
生命保険の権利	9,000万円	子2人と孫Aを被保険者とする終身保険
計	8億8,000万円	
相続時精算課税贈与財産	1億2,000万円	長女と孫Aに土地を生前贈与し、各自700万円の贈与税を納付済み
合　計	10億円	
小規模宅地評価減	△4,000万円	自宅敷地に適用
差　引　計	9億6,000万円	

計算してみよう

〈現状の相続税額〉

（基礎控除額）

3,000万円＋600万円×4人＝5,400万円

　（注）　相続人は妻、長女、次女、孫A（養子）の4人です。

（課税遺産総額）

9億6,000万円－5,400万円＝9億600万円

（相続税の総額）

妻：9億600万円×$\frac{1}{2}$＝4億5,300万円

　　4億5,300万円×50％－4,200万円＝1億8,450万円……①

子：9億600万円×$\frac{1}{2}$×$\frac{1}{3}$＝1億5,100万円

　　1億5,100万円×40％－1,700万円＝4,340万円

　　4,340万円×3人＝1億3,020万円……②

　①＋②＝3億1,470万円

相続税の速算表

取得価額	税　率	控除額
2億円以下	40％	1,700万円
3億円以下	45％	2,700万円
6億円以下	50％	4,200万円

XI 相続税対策のプランニング

（各人の納付税額）

	妻	長　女	次　女	孫A（養子）	合　計
取 得 価 額	5億円	1億3,000万円	1億3,000万円	1億2,000万円	8億8,000万円
生前贈与財産	—	6,000万円	—	6,000万円	1億2,000万円
課 税 価 格	5億円	1億9,000万円	1億3,000万円	1億8,000万円	10億円
同上の割合	0.5	0.19	0.13	0.18	1.0
相 続 税 総 額	3億1,470万円				
算 出 税 額	1億5,735万円	5,979万円	4,091万円	5,665万円	3億1,470万円
2 割 加 算	—	—	—	1,133万円	1,133万円
配偶者軽減	△1億5,735万円	—	—	—	△1億5,735万円
贈与税額控除	—	△700万円	—	△700万円	△1,400万円
納 付 税 額	—	5,279万円	4,091万円	6,098万円	1億5,468万円

（注）　算出税額は、万円未満を端数処理しています。

　以上の事案に対して、次のような相続税対策の提案をすることにします。
　　・賃貸マンションの購入
　　・賃貸マンションの建設
　　・生命保険の活用
　　・同族会社の活用
　　・同族会社株式の対策
　　・孫・曾孫への教育資金贈与

（2）賃貸不動産の取得は即効性ある節税策

　即効性のある相続税対策として真っ先にあげられるのは、金融資産から不動産へのシフトによる評価引下げ策です。Tさんの保有資産10億円については、半分を金融資産が占めています。もう少し不動産を取得しても、問題はないとみられます。

　そこで手っとり早く、まずは賃貸マンションの取得です。その際には、

201

1棟まるまるの取得よりも地域分散で1室ずつ保有することをお薦めします。都心部の駅近（5分以内）であれば、空室リスクを回避できます。とはいえ、昨今の不動産市況では新築どころか中古マンションですら値がつり上がっている感があるので、適当な物件の入手は困難かも知れません。

　ここでは、取得できたとして、いかほどの節税になるかを考えてみます。たとえば、5千万円の物件を購入したとします。その際に通常、取得価額の内訳は、建物7：土地3といったところです。そこで、建物代は3,500万円、土地代が1,500万円となります。

（3）5千万円の収益物件購入で1千万円の節税

　相続財産として土地は路線価（時価の約8割）、建物は固定資産税評価額（時価の約6割）で計算し、さらに、土地は「貸家建付地」、建物は「貸家」として評価します。借地権割合『70%』、借家権割合『30%』とすれば、次の計算になります（Ⅲ 4 参照）。

　　土地：1,500万円×0.8×（1−0.7×0.3）≒950万円……①

　　建物：3,500万円×0.6×（1−0.3）＝1,470万円…………②

　　　①＋②＝2,420万円

　5千万円で購入したマンションが2,420万円の評価となりますから、相続財産の評価引下げ額は、差引き『2,580万円』となります。これがいかほどの節税になるかですが、ここで念頭に置くのは、相続税の〝限界税率〟です（Ⅸ 1 参照）。Tさんの相続における限界税率は、本章（1）の「相続税の総額計算」を参照し、次のように『45%』と求まります。

妻の税率　　　　　子の税率
50%×0.5＋40%×0.5＝45%

　そこで、5千万円のマンション1室の購入により、次の計算のように1千万円以上の節税となります。

評価圧縮額　　　　限界税率
2,580万円×45%＝1,161万円

（注）　配偶者税額軽減の特例により、一次相続の税率はこの2分の1となりますが、

XI 相続税対策のプランニング

二次相続を通算すれば、最終的に上記税率となります。

　さらに奮発し、２室の購入で２千万円、３室購入すれば３千万円の節税効果が生まれます。

（４）借金しても相続税対策にはならない

　脇道にそれますが、ここで一つ注意事項を申し上げます。賃貸物件を購入するとき、「借入れをすれば節税になる」と考えている人がいますが、それは間違いです。たとえば、Ｔさんが５千万円でマンションを購入するとき、手持ちのお金を使うか借入れをするかで節税効果が変わるのか、比較計算してみます。

〈手持ち資金で購入するとき〉

購　入　前		購　入　後		相続税評価額	
預貯金	3億4千万円	預貯金	2億9千万円	預貯金	2億9,000万円
その他	6億6千万円	不動産	5千万円	不動産	2,420万円
計	10億円	その他	6億6千万円	その他	6億6,000万円
		計	10億円	計	9億7,420万円

〈借入金で購入するとき〉

購　入　前		購　入　後		相続税評価額	
預貯金	3億4千万円	預貯金	3億4千万円	預貯金	3億4,000万円
その他	6億6千万円	不動産	5千万円	不動産	2,420万円
計	10億円	その他	6億6千万円	その他	6億6,000万円
		借入金	Δ5千万円	借入金	Δ5,000万円
		計	10億円	計	9億7,420万円

　購入前と購入後で、保有財産の金額（10億円）に変わりはありません。借入れをしようがしまいが、相続税評価額は同額です。変わるのは、つまり相続税対策となるのは、不動産の評価が５千万円から2,420万円

に圧縮され、そのことで差引き2,580万円の財産減らし効果が得られるという点です。

（5）マンション建設で多大な節税効果

不動産がらみの相続税対策（第2弾）として、次に、賃貸マンションの"建設"を検討します。

過去にTさんは、相続時精算課税により自己所有地を長女と孫Aに生前贈与しました。現在は駐車場（コインパーキング）として利用しています。この土地に賃貸マンションを建設すれば、相続税がいかほど減少するか計算してみましょう。

敷地は、相続時精算課税で贈与しましたから、将来のTさんの相続財産に算入されます。その際の評価額は、贈与時の評価額（1億2千万円）で固定されています（Ⅷ（4）参照）。余談ながら、贈与したのは5年前で、その後この土地の地価は2割ほど上昇していますから、この生前贈与は立派に相続税対策の役割を果たしています。

本題に戻り、ここで検討すべきは建物の建築価格と相続税評価額との差です。建築価格が3億円と5億円の2通りのパターンで節税額を計算してみます。

> （注）　建物の固定資産税評価額を建築価格（時価）の6割として計算し、借家権割合は30%です。

〈3億円の場合〉

（評価圧縮額）

3億円－3億円×0.6×（1－0.3）＝1億7,400万円

（節税額）

$$\underset{\text{評価圧縮額}}{1億7,400万円} \times \underset{\text{限界税率}}{45\%} = 7,830万円$$

〈5億円の場合〉

（評価圧縮額）

5億円－5億円×0.6×（1－0.3）＝2億9,000万円

（節税額）

2億9,000万円_{評価圧縮額}×45%_{限界税率}＝1億3,050万円

　3億円の建設で7千万円、5億円だと1億3千万円と多大な節税効果が得られますが、実行にはあれこれ考慮すべき点があります。

（6）空室リスクの検討は大切

　まず考えるべきは"空室リスク"です。賃貸開始後数年間（せいぜい10年間）はさほど苦労せずに済むかも知れませんが、その後は他の新築物件に入居者を奪われます。現在では住宅の全供給戸数が需要を上回っており、今後の人口減少・世帯数減少を考えれば、賃貸経営は決してバラ色ではありません。

　ハウスメーカー等の提案書には、将来20〜30年の収支計画が含まれています。さすがに入居率100%とはなっていないでしょうが、いかほど保守的な試算でも採算がとれているか、よくよく吟味してください。賃料保証契約となっているメーカーもありますが、それがいつまで続くかです。おそらく5年、せいぜい10年が経過すれば賃料見直し（引下げ）の契約となっているはずで、20〜30年間の賃料保証などあり得ません。

　前記（2）でも述べましたが、立地条件が最大のポイントです。都心部の駅近（5分以内）であれば、空室リスクはかなり軽減できます。逆に、郊外あるいは駅から20分以上かかる場所なら、マンション建設は断念すべきです。

（7）税金よりも優先すべき課題がある

　また、建築後のメンテナンス・リスクも重要課題です。新築後10年を経過すると、給排水や電気設備の修繕が必要となります。外壁の全面塗替え、エレベーターの入替えともなると、とんでもなくお金がかかります。そうした修繕費用を当初の収支計画でどこまで織り込んでいるかも大切な要素です。

　借入金で建設したときは、20〜30年間で返済をしなくてはなりませ

ん。空室やメンテナンスで収支がマイナスになっても、毎月のローン返済は猶予してもらえません。下手するとローン地獄に陥ってしまうかも知れません。

　前記（5）の試算のように多大な相続税対策になるとしても、相続後に遺族がこうした苦労を背負い込む事態となれば、残された者の恨みを買うことになりかねません。税金問題よりもっと大事な課題があるということを、くれぐれも見失わないよう願います。

（8）みなし相続財産タイプの保険にはぜひ入ろう

　次に、生命保険の活用を考えます（ X 参照）。Ｔさんは、子2人と孫Ａを被保険者とする終身保険をかけています。

契約者	被保険者	受取人	課税関係
Ｔ	子 ／ 孫	Ｔ	相続税（保険契約の権利）

　どのような事情でこの特殊タイプの保険をかけたのかは分かりませんが、おそらくこの保険の行く末は、Ｔさんの死亡時に3口の保険をそれぞれの人が相続することとなるでしょう。3人それぞれが自らを被保険者とする"みなし相続財産"タイプの保険に切り替わり、場合によっては相続直後に解約して、相続税の納税資金に充てるという目算でかけたのかも知れません。

契約者	被保険者	受取人	課税関係
子 ／ 孫	子 ／ 孫	？	相続税（みなし相続財産）

　ところで、相続税対策として生命保険をかける場合、まずは次のようなみなし相続タイプの保険に入るべきです。

XI 相続税対策のプランニング

契約者	被保険者	受取人	課税関係
T	T	妻 ／ 子	相続税（みなし相続財産）

　年齢制限でもはやTさんを被保険者とする保険には入れないのかも知れませんが、もしこの手の保険に入っていれば、相続人１人あたり５百万円の非課税枠があります。Tさんの相続人は４人ですから、この保険に加入するだけでたちどころに、５百万円×４人＝２千万円の相続財産減らしとなります。そのことによる節税額は、次のとおり『９百万円』です。

　　　　非課税額　　　限界税率
　　2,000万円×45％＝900万円

（9）保険を利用した退職金の支給

　１人５百万円の非課税枠を活用する対策は、別にもう一つあります。死亡退職金です。Tさんは同族会社のT産業株式会社の代表者です。将来の退職時には同社から退職金を手にする資格が十分にあります。適正額の退職金を支給すれば、会社にとっても法人税の節税となります。

　退職金は通常、所得税で課税されますが、死亡時に支給するものは相続税の課税対象です。その際に保険金と同様、相続人１人あたり５百万円の非課税枠が設けられています。

　税務上認められる役員退職金の適正額は、通常、次のように算定します。

　　　最終報酬月額×在職年数×功績倍率＝退職金支給額

　Tさんは現在、毎月80万円の役員報酬を得ています。また、同社の設立時（30年前）から代表取締役です。功績倍率として３倍ぐらいまでならOKとされています。となると、適正額は次の計算で『7,200万円』です。

　　　80万円×30年×３倍＝7,200万円

　Tさんの相続時にこの金額で遺族に支給したとき、相続人が４人なので２千万円まで非課税とされ、相続財産には差引き5,200万円だけが

207

算入されます。節税効果は、上記の死亡保険金と同様『9百万円』です。

問題は7,200万円という大金を、会社がいかにして捻出するかですが、ここで生命保険の活用です。会社が契約者となり、Tさんを被保険者とし受取人を会社とする保険に加入しておくのです。

契約者	被保険者	受取人	課税関係
会社	T	会社	法人税

Tさんの死亡時に保険金は会社に入り、そのままでは法人税がかかります。しかし、その保険金と同額の退職金を遺族に支給すれば、受け取る保険金（収益）と支払う退職金（費用）が相殺され、結果的に会社に税金はかかりません。Tさんの遺族は、保険金と死亡退職金の非課税枠合計の4千万円分、無税で現金を手に入れることができます。

ただしこのやり方も、Tさんが高齢になってしまったら保険に加入できず、プラン倒れとなります。この対策にはできるだけ早く取り組むべきでしょう。

XI 相続税対策のプランニング

（10）役員退職金の支給で株価引下げ

　Ｔ産業株式について、そもそも株式自体を相続財産から外せないものかと、Ｔさん自身もお悩みです。その対策として、まずは非課税枠110万円を使った毎年のコツコツ贈与でしょうね。その際に注意すべきは、やみくもに子や孫に生前贈与をしまくるのは止めるべしということです。Ｔ産業株式会社の保有資産は、Ｔ家を支える先祖代々の貸地や貸家です。地代収入と家賃収入がこの会社に入ってきています。

　将来、その状態を引き継いでいくのは誰なのか、それは養子縁組をした孫Ａです。そのことを考慮せず、他の者に株式を保有させるのは大いに考えものです。Ｔさんの持ち株は孫Ａに集中させていくべきで、生前贈与の相手は孫Ａとその両親（長女およびその夫）に限るのが正解でしょう。長女とその夫の手に渡った株式は、相続等でいずれ孫Ａのものとなります。

　会社の定款変更、解散・合併など会社経営の根幹に関わる議案の決議（特別決議）には、全株式の３分の２以上が必要です。したがって次女一家の保有する株式は、多くとも３分の１未満に止めるべきです。

　同社の株価が高いので、コツコツ贈与ではなかなかはかどらないということなら、何らかの株価引下げ策を講じることになるでしょう。その際、手っ取り早く株価が下がる方策の一つが、（９）で述べた役員退職金の支給です。Ｔさんの生前退職で多額の退職金を支払うことです。それによって会社は、赤字決算となります。また純資産額も一挙に減少します。その年は株式配当も取り止めましょう。そうすると瞬間的にですが、株価は劇的に下がるはずです。ただし、翌期に利益が回復すれば元の木阿弥。したがって、退職金支給と株式贈与の時期を、タイミングよくかみ合わせなければなりません。

（11）孫や曾孫への教育資金贈与

　長女と孫Aには相続時精算課税による贈与をしているので、110万円の暦年贈与はもはやできません。しかし、次女、孫B・C・D、曾孫などには、110万円のコツコツ贈与を励行しましょう。孫や曾孫への贈与には、相続前3年内贈与加算の適用はありませんから安心です。5人を相手に10年間コツコツ贈与を続ければ、110万円×5人×10年＝5,500万円もの財産減らしとなります。

　また、孫・曾孫への教育資金贈与（ Ⅶ 3 参照）もお薦めです。1人1,500万円まで認められますから、1,500万円×5人＝7,500万円の財産減らしです。Tさんのような資産家の方にとってこの特例が有利なのは、贈与してしまえば取り戻しがない点です。孫や曾孫が30歳になる前にTさんの相続が開始すれば、たとえ使い残しがあっても、この7,500万円は相続財産から切り離されたままです。

（12）事業承継税制の適用で贈与税・相続税の納税が猶予

　余談ですが、ここで「事業承継税制」について少し触れておきましょう。中小企業経営者の高齢化が進み、2025年頃までに70歳（平均引退年齢）に達する人が245万人もいます。しかも、その半数以上の127万社で後継者が未定とのことで、現状を放置すると中小企業の廃業が相次ぎ、数百万人の雇用が失われます。また、GDPにも大きな影響を与え、わが国経済が深刻な打撃を受けかねません。

　そこで、中小企業オーナーの持ち株を後継者に贈与ないし相続する際、税制面での支援措置が設けられています。平成21年度に創設された制度ですが、適用要件が厳しいため、これまでほとんど機能していませんでした。

　この税制の適用を受けるには、経営承継円滑化法に基づき都道府県知事の認定を受けねばなりません。その上で、後継者が承継した後5年間、平均8割以上の雇用を維持しなければなりません。そうすれば、後継者

に贈与した株式の３分の２相当（67％）の贈与税の納税が、また、相続した株式については３分の２の80％相当（53％）の相続税の納税が、原則として後継者の相続時まで猶予されます。

　しかし現実の適用は、これまで年数百件にとどまっていました。ネックとなっていたのは、８割の雇用を５年間維持できなければ、納税猶予が打ち切られることです。人手不足の中、雇用確保要件は中小企業にとって高いハードルです。

　しかし平成30年度改正において、８割雇用維持要件が未達成の場合でも、猶予を継続可能とする措置が講じられました。しかも、猶予割合が67％や53％ではなく、贈与・相続のいずれの場合も100％とされました。新しい特例は、平成30年（2018年）１月１日から平成39年（2027年）12月31日までの10年間、贈与・相続・遺贈された株式に適用されます。

（13）不動産管理会社には適用なし

　さてそこで、Ｔ産業株式にこの特例が使えるかです。Ｔさんの持ち株を後継者の孫Ａに引き継ぐ際、贈与税や相続税がかからないのであれば万々歳です。しかし、結論から申し上げて、それはありません。

　経営承継円滑化法が適用されるのは、実業を行っている中小企業であり、「資産管理会社」は適用対象から除かれています。例外的に、親族以外の従業員が５人以上いれば適用可能ですが、Ｔ産業株式会社の従業員はすべて親族です。

　資産家が自身の不動産管理のために設立した同族会社は、通常、Ｔ産業のような形態です。残念ながらそうした会社の株式に、納税猶予特例の適用はまず考えられません。

211

XII 相続税と贈与税の申告

1 相続税の申告

（1）10か月以内に確定申告

　相続税の「確定申告」の期限は、相続日の10か月目の応当日です。相続日が6月10日なら翌年4月10日（当日が土曜日・日曜日・祝日ならその翌日）までに申告しなければなりません。税金の納付期限も同じです。申告と納付の後先はどちらでも構いません。申告は早めに済ませ、納付は期限ぎりぎりに、ということでも一向に差し支えありません。

　通常、その10か月以内に遺産分割の協議をして、連名で申告書を提出し、各人ごとに納付書で税金を納めます。もし、その期間内に分割協議がまとまらないときは、とりあえず民法の相続割合で税額計算をして申告および納税をし、後日、分割協議が整った時点で精算することになります。

（2）提出は持参または郵送で

　提出期限に関して、税務署の執務時間終了後でも、税務署の入り口に設置されている「文書受付箱」に投函された申告書類は、その日に提出されたことになります。なお、年末の12月29日から翌年1月3日までは官庁の特別休暇で税務署は執務を行いません。そこで、申告期限がその期間内の場合は、翌年の1月4日（当日が土曜日・日曜日ならその翌日）に税務署に申告書を提出（持参に限ります。）したときは、期限内に提出されたものとされます。

　提出書類を郵送したときは、原則として現実に税務署に到達したときに提出があったものとされます。しかし、納税申告書とその添付資料に限って"発信主義"により、その郵便物の通信日付印で表示された日に提出されたものとされます。

　なお、発信主義が適用されるのは"郵便"（レターパックを含む）に

212

XII 相続税と贈与税の申告

限るという点にご注意ください。ゆうパックや宅急便は"荷物"扱いとなるので、原則どおり到達主義となります。また、申告書以外の申請書等には発信主義の適用がなく、期日までに到達しなければなりません。

（3）被相続人の住所地で申告

申告書の提出先は、被相続人の住所地を管轄する税務署です。相続人がそれぞれ自分の住所地に提出するのではありません。後ほど示しますが、相続税の申告書は、相続人が連名で記入する様式になっています。

ただし、一つの申告書類に相続人の皆が連名で記名押印する必要はなく、ばらばらで提出しても構いません。通常は連名ですが、相続争いで合意ができず、各自別々に申告するというケースも珍しくありません。

（4）相続財産に所得税はかからない

ところで、言わずもがなのことですが、相続で取得した財産に「所得税」はかかりません。私など専門家からすれば当たり前の話なのですが、相続税申告のお手伝いをしたとき、「これは来年３月の確定申告で申告するのか？」という質問を時々受けます。

所得税は"所得"（もうけ）に対してかかる税金です。相続も広い意味では"もうけ"かも知れませんが、相続税で課税した財産に上乗せで所得税をかけるのは二重課税です。税務署はそこまでアコギではありません。

相続した土地を売って売却益が出れば、これは「譲渡所得」ですから所得税がかかります。あるいは、その土地を賃貸し地代収入を得れば「不動産所得」ですから、所得税の出番です。所得税に連動して住民税もかかります。

しかし、相続や贈与で手にした財産そのものに、重ねて所得税が課されることはありません。基礎控除以内の金額で相続税や贈与税がかからなかったときも、所得税の確定申告は不要です。

213

（5）確定申告後に修正申告する場合もある

　確定申告後に、計算間違いが見つかったときは申告のやり直しです。通常、税務調査で間違いを指摘され、追徴となって「修正申告」を行うケースが多いようです。

　申告納税制度のもとでは、確定申告書の提出で納税義務が確定します。その後、納付をして納税義務が消滅すれば話は簡単ですが、ここで問題となるのは、本人の申告額が必ずしも正しいとは限らないという点です。相続税の時効期間（申告期限から5年^(注)）が経過するまでは、間違いを正すという話が付きまといます。

　　（注）　仮装・隠蔽による悪質な脱税の場合は時効期間が7年とされています。

　税務調査で間違いが見つかり追徴となったとき、まずは修正申告書の提出が勧奨されます。それに応じないときは、税務署側が更正処分（職権更正）を行います。いずれの場合も、本税と共にペナルティー（過少申告加算税または重加算税および延滞税）を納めることになります。税務調査前に自発的に修正申告をすることもでき、この場合はペナルティーが軽減されます。

（6）確定申告で納め過ぎたら更正の請求

　確定申告で納めた税金が過大であれば、「更正の請求」を行って還付を受けることができます。この請求ができるのは、原則として申告期限から5年間とされています。

　なお、これは納税者が税務署に対して、減額更正すべき旨を請求する制度ですから、請求書を提出しても直ちに還付されるわけではありません。更正の請求を受けて税務署が調査を行い、職権更正の処分を行うことによって初めて還付金が生じます。

　現実にこの制度を利用する局面としては、たとえば当初申告時には遺産分割協議が整わず、とりあえず民法の相続割合どおりの税額を各自が納め、その後に分割協議を行った結果、取り分が民法の割合以下となる

XII 相続税と贈与税の申告

場合です。そのような場合、更正の請求期限はその分割協議の日から4か月以内とされており、当初の確定申告期限から5年以上経過していても請求が可能です。

　誰かがこの請求を行う場合、他の相続人で納税額が増加する者は、当然のごとく修正申告をしなければなりません。それをしなければ税務署による増額更正処分が待ち受けています。

（7）もっと安易な解決策もある

　未分割で申告した場合の対処法として、次のようなやり方もあります。そもそも国庫に納まるはずの税金は、当初申告で全額が入金済みです。相続税計算のしくみとして、まずは相続人全員で納めるべき税金の総額を確定し、次にそれを各人の取得割合に応じて按分するということでした。

　となると、分割協議が整い税額の増える人（Aさん）と減る人（Bさん）が出てきても、トータルすればプラス・マイナスはゼロのはず。そこで、この場合の修正申告（Aさん）と更正請求（Bさん）に、税務署は固執しません。当事者間で納税額の精算（AさんからBさんへの支払い）をすれば、それで結構と考えます。そのお金の受け渡しを贈与とは見ません。逆に、もしも受け渡しをしないときは、BさんからAさんへの贈与問題が生じるかも知れません。

（8）相続税申告書は40種類ある

　相続税の申告書には、第1表から第15表まで、付表も含めると全部で約40種類の表が用意されています。特殊なものも多々あり、実務でよく使うのは次の各表です。

　　第1表　相続税の申告書（表紙）

　　第2表　相続税の総額の計算書

　　第4表　相続税額の加算金額の計算書

　　第4表の2　暦年課税分の贈与税額控除額の計算書

215

第5表　配偶者の税額軽減額の計算書
第6表　未成年者控除額・障害者控除額の計算書
第7表　相次相続控除額の計算書
第9表　生命保険金などの明細書
第10表　退職手当金などの明細書
第11表　相続税がかかる財産の明細書
第11の2表　相続時精算課税適用財産の明細書
第11・11の2表の付表1　小規模宅地等についての課税価格の計算明細書
第13表　債務及び葬式費用の明細書
第14表　純資産価額に加算される暦年課税分の贈与財産価額の明細書
第15表　相続財産の種類別価額表

[相続税申告書の記入例]（Fさんのケース）

相続税の申告書は通常、次の順序で記入します。

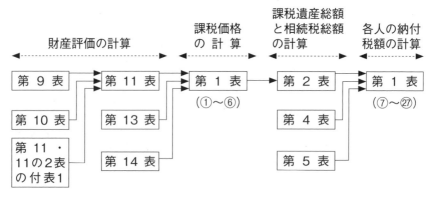

（注）　第15表は最後にまとめ表として作成します。

XII 相続税と贈与税の申告

（第1ステップ）

　第11表（相続財産の明細）と第13表（債務・葬式費用の明細）

　　──小規模宅地特例を適用する土地があれば、第11・11の2表の
　　　付表1で評価額を計算します。

　　──死亡保険金や死亡退職金があれば、第9・10表で第11表へ計
　　　上する金額を計算します。

（第2ステップ）

　第11表と第13表における集計結果を第1表に転記し、課税価格を計
算します。

　　──相続前3年以内の贈与財産があれば、第14表の計算結果を第
　　　1表に転記します。

（第3ステップ）

　第2表で基礎控除額と相続税の総額を計算し、第1表に転記します。

（第4ステップ）

　第1表において、各人ごとの税額を実際の相続割合に応じて按分計算
で算出します。

　さらに、次の加算または控除を行い、各人が納付すべき税額を計算し
ます。

　・兄弟姉妹・孫などの2割加算（第4表で計算）

　・贈与税額控除（第4表の2で計算）

　・配偶者の税額軽減（第5表で計算）

　・未成年者控除・障害者控除（第6表で計算）

　・相次相続控除（第7表で計算）

　以下、具体的な記載例を示し、ステップ毎に記入のしかたを解説しま
す。

217

〈第1表〉

相 続 税 の 申 告 書

_____ ○○ 税務署長
30 年 4 月 15 日 提出

相続開始年月日 　29 年 6 月 15 日

第1表

		各 人 の 合 計 (被相続人)	財 産 を 取 得 し た 人
フリガナ			
氏　　名		**F**	**妻** ㊞
個人番号又は法人番号			
生 年 月 日		年　月　日 (年齢　歳)	年　月　日 (年齢　歳)
住　　所			〒
（ 電 話 番 号 ）			（　－　　－　）
被相続人との続柄	職　業		妻 ／ なし
取 得 原 因		該当する取得原因を○で囲みます。	相続・遺贈・相続時精算課税に係る贈与
※ 整 理 番 号			

			各 人 の 合 計	財産を取得した人
課税価格の計算	取得財産の価額 (第11表③)	①	1 2 2 4 4 0 2 1 2 円	3 7 8 7 5 6 6 1 円
	相続時精算課税適用財産の価額 (第11の2表1⑦)	②		
	債務及び葬式費用の金額 (第13表3⑦)	③	2 0 1 6 7 0 5	2 0 1 6 7 0 5
	純資産価額 (①+②-③) (赤字のときは0)	④	1 2 0 4 2 3 5 0 7	3 5 8 5 8 9 5 6
	純資産価額に加算される暦年課税分の贈与財産価額 (第14表1④)	⑤		
	課税価格 (④+⑤) (1,000円未満切捨て)	⑥	1 2 0 4 2 2 0 0 0 Ⓐ	3 5 8 5 8 0 0 0
各人の算出税額の計算	法定相続人の数 遺産に係る基礎控除額		3 人 4 8 0 0 0 0 0 0 円 Ⓑ	左の欄には、第2表の②欄の⑩の人数及び⑯の金額を記入します。
	相 続 税 の 総 額	⑦	9 6 7 3 7 0 0	左の欄には、第2表の⑧欄の金額を記入します。
	一般の場合 (⑩の場合を除く) あん分割合 (各人の⑥)/(Ⓐ)	⑧	1.0 0	0.2 9 7 7 6 9
	算出税額 (⑦×各人の⑧)	⑨	9 6 7 3 6 9 8 円	2 8 8 0 5 2 7 円
	農地等納税猶予の適用を受ける場合 算出税額 (第3表⑱)	⑩		
	相続税額の2割加算が行われる場合の加算金額 (第4表1⑥)	⑪	円	円
各人の納付・還付税額の計算 税額控除	暦年課税分の贈与税額控除額 (第4表の2②)	⑫		
	配偶者の税額軽減額 (第5表○又は○)	⑬	2 8 8 0 5 2 7	2 8 8 0 5 2 7
	未成年者控除額 (第6表1②、③又は⑥)	⑭		
	障害者控除額 (第6表2②、③又は⑥)	⑮		
	相次相続控除額 (第7表⑬又は⑱)	⑯		
	外国税額控除額 (第8表1⑧)	⑰		
	計	⑱	2 8 8 0 5 2 7	2 8 8 0 5 2 7
	差 引 税 額 (⑨+⑪-⑱)又は(⑩+⑪-⑱) (赤字のときは0)	⑲	6 7 9 3 1 7 1	0
	相続時精算課税分の贈与税額控除額 (第11の2表⑧)	⑳	0 0	0 0
	医療法人持分税額控除額 (第8の4表2B)	㉑		
	小 計 (⑲-⑳-㉑) (黒字のときは100円未満切捨て)	㉒	6 7 9 3 1 0 0	0
	農地等納税猶予税額 (第8表2⑦)	㉓	0 0	0 0
	株式等納税猶予税額 (第8の2表2⑧)	㉔	0 0	0 0
	山林納税猶予税額 (第8の3表2⑧)	㉕	0 0	0 0
	医療法人持分納税猶予税額 (第8の4表2A)	㉖	0 0	0 0
	申告納税額 申告期限までに納付すべき税額 (㉒-㉓-㉔) (㉕-㉖-㉗)	㉗	6 7 9 3 1 0 0	0 0
	還付される税額	㉘	△	△

218

XII 相続税と贈与税の申告

相続税の申告書(続)

第1表(続)

			財 産 を 取 得 し た 人	財 産 を 取 得 し た 人
フ リ ガ ナ				
氏 名			長 男 ㊞	次 男 ㊞
個人番号又は法人番号				
生 年 月 日			年　月　日 (年齢　歳)	年　月　日 (年齢　歳)
住 所			〒	〒
(電 話 番 号)			(　－　　－　)	(　－　　－　)
被相続人との続柄 職業			長 男　会社員	次 男　会社員
取 得 原 因			⊛相続・遺贈・相続時精算課税に係る贈与	⊛相続・遺贈・相続時精算課税に係る贈与
※ 整 理 番 号				
課税価格の計算	取得財産の価額(第11表③)	①	42402052 円	42162499 円
	相続時精算課税適用財産の価額(第11の2表1⑦)	②		
	債務及び葬式費用の金額(第13表3⑦)	③		
	純資産価額(①+②-③)(赤字のときは0)	④	42402052	42162499
	純資産価額に加算される暦年課税分の贈与財産価額(第14表1④)	⑤		
	課税価格(④+⑤)(1,000円未満切捨て)	⑥	42402000	42162000
各人の算出税額の計算	法定相続人の数　遺産に係る基礎控除額			
	相続税の総額	⑦		
	一般の場合(⑪の場合を除く) あん分割合(各人の⑥/⑥) Ⓐ	⑧	0.352112	0.350119
	一般の場合(⑪の場合を除く) 算出税額(⑦×Ⓐ) Ⓑ	⑨	3406225 円	3386946 円
	農地等納税猶予の適用を受ける場合 算出税額(第3表⑧)	⑩		
	相続税額の2割加算が行われる場合の加算金額(第4表1⑥)	⑪	円	円
各人の納付・還付税額の計算	税額控除 暦年課税分の贈与税額控除額(第4表の2⑤)	⑫		
	配偶者の税額軽減額(第5表⑤又は⑥)	⑬		
	未成年者控除額(第6表1②、③又は⑥)	⑭		
	障害者控除額(第6表2②、③又は⑥)	⑮		
	相次相続控除額(第7表⑬又は⑱)	⑯		
	外国税額控除額(第8表1⑧)	⑰		
	計	⑱		
	差引税額(⑨+⑪-⑱)又は(⑩+⑪-⑱)(赤字のときは0)	⑲	3406225	3386946
	相続時精算課税分の贈与税額控除額(第11の2表⑧)	⑳	00	00
	医療法人持分税額控除額(第8の4表2B)	㉑		
	小計(⑲-⑳-㉑)(黒字のときは100円未満切捨て)	㉒	3406200	3386900
	農地等納税猶予税額(第8表2⑦)	㉓	00	00
	株式等納税猶予税額(第8の2表⑩)	㉔	00	00
	山林納税猶予税額(第8の3表2⑧)	㉕	00	00
	医療法人持分納税猶予税額(第8の4表2A)	㉖	00	00
	申告納税額 申告期限までに納付すべき税額(㉒-㉓-㉔-㉕-㉖)	㉗	3406200	3386900
	還付される税額	㉘	△	△

〈第2表〉

相 続 税 の 総 額 の 計 算 書

被相続人	F

第2表

この表は、第1表及び第3表の「相続税の総額」の計算のために使用します。
なお、被相続人から相続、遺贈や相続時精算課税に係る贈与によって財産を取得した人のうちに農業相続人がいない
場合は、この表の㋫欄及び㋬欄並びに⑨欄から⑪欄までは記入する必要がありません。

① 課税価格の合計額	② 遺 産 に 係 る 基 礎 控 除 額	③ 課 税 遺 産 総 額
㋑ (第1表 ⑥㋐) 120,422,000 円	3,000万円＋（600万円× ㋺ 3 人 ）＝ ㋩ 4,800 万円	㊁ (㋑－㋩) 72,422,000 円
㋭ (第3表 ⑥㋐) ,000 円	㋺の人数及び㋩の金額を第1表Ⓑへ転記します。	㋠ (㋭－㋩) ,000 円

④ 法 定 相 続 人 （(注)1参照）		⑤ 左の法定相続人に応じた法定相続分	第1表の「相続税の総額⑦」の計算		第3表の「相続税の総額⑦」の計算	
氏　名	被相続人との続柄		⑥ 法定相続分に応ずる取得金額 (㊁×⑤) (1,000円未満切捨て)	⑦ 相続税の総額の基となる税額 下の「速算表」で計算します。	⑨ 法定相続分に応ずる取得金額 (㋠×⑤) (1,000円未満切捨て)	⑩ 相続税の総額の基となる税額 下の「速算表」で計算します。
妻	妻	$\frac{1}{2}$	36,211,000 円	5,242,200 円	,000 円	円
長 男	長男	$\frac{1}{4}$	18,105,000	2,215,750	,000	
次 男	次男	$\frac{1}{4}$	18,105,000	2,215,750	,000	
			,000		,000	
			,000		,000	
			,000		,000	
			,000		,000	
			,000		,000	
			,000		,000	
法定相続人の数	Ⓐ 人 3	合計 1	⑧ 相続税の総額 (⑦の合計額) (100円未満切捨て) 9,673,700		⑪ 相続税の総額 (⑩の合計額) (100円未満切捨て) 00	

(注)1　④欄の記入に当たっては、被相続人に養子がある場合や相続の放棄があった場合には、「相続税の申告のしかた」
をご覧ください。
2　⑧欄の金額を第1表⑦欄へ転記します。財産を取得した人のうちに農業相続人がいる場合は、⑧欄の金額を第1表
⑦欄へ転記するとともに、⑪欄の金額を第3表⑦欄へ転記します。

相 続 税 の 速 算 表

法定相続分に応ずる取得金額	10,000千円以下	30,000千円以下	50,000千円以下	100,000千円以下	200,000千円以下	300,000千円以下	600,000千円以下	600,000千円超
税　　率	10%	15%	20%	30%	40%	45%	50%	55%
控　除　額	－ 千円	500千円	2,000千円	7,000千円	17,000千円	27,000千円	42,000千円	72,000千円

XII 相続税と贈与税の申告

〈第5表〉

配偶者の税額軽減額の計算書

被相続人	F

第5表

私は、相続税法第19条の2第1項の規定による配偶者の税額軽減の適用を受けます。

1 一般の場合
（この表は、①被相続人から相続、遺贈や相続時精算課税に係る贈与によって財産を取得した人のうちに農業相続人がいない場合又は②配偶者が農業相続人である場合に記入します。）

課税価格の合計額のうち配偶者の法定相続分相当額

第1表の④の金額　　　　　配偶者の法定相続分

$120,422,000$円 × $\dfrac{1}{2}$ = $60,211,000$円

上記の金額が16,000万円に満たない場合には、16,000万円

④※　160,000,000 円

配偶者の税額軽減額を計算する場合の課税価格	① 分割財産の価額（第11表の配偶者の①の金額）	分割財産の価額から控除する債務及び葬式費用の金額		④ (②−③)の金額（③の金額が②の金額より大きいときは0）	⑤ 純資産価額に加算される暦年課税分の贈与財産価額（第1表の配偶者の⑤の金額）	⑥ (①−④+⑤)の金額（⑤の金額より小さいときは⑤の金額）（1,000円未満切捨て）
		② 債務及び葬式費用の金額（第1表の配偶者の③の金額）	③ 未分割財産の価額（第11表の配偶者の②の金額）			
	円 37,875,661	円 2,016,705	円	円 2,016,705	円※	円 35,858,000

⑦ 相続税の総額（第1表の⑦の金額）	⑧ ④の金額と⑥の金額のうちいずれか少ない方の金額	⑨ 課税価格の合計額（第1表の④の金額）	配偶者の税額軽減の基となる金額（⑦×⑧÷⑨）
円 9,673,700	円 35,858,000	円 120,422,000	円 2,880,532

配偶者の税額軽減の限度額	（第1表の配偶者の⑨又は⑩の金額）（第1表の配偶者の⑫の金額）	⑪ 円
	（ 2,880,527円 − 円）	2,880,527

配偶者の税額軽減額	（⑩の金額と⑪の金額のうちいずれか少ない方の金額）	⑧ 円 2,880,527

(注) ⑧の金額を第1表の配偶者の「配偶者の税額軽減額⑬」欄に転記します。

2 配偶者以外の人が農業相続人である場合
（この表は、被相続人から相続、遺贈や相続時精算課税に係る贈与によって財産を取得した人のうちに農業相続人がいる場合で、かつ、その農業相続人が配偶者以外の場合に記入します。）

課税価格の合計額のうち配偶者の法定相続分相当額

第3表の④の金額　　　　　配偶者の法定相続分

,000円 × □ = 円

上記の金額が16,000万円に満たない場合には、16,000万円

㋺※　円

配偶者の税額軽減額を計算する場合の課税価格	⑪ 分割財産の価額（第11表の配偶者の①の金額）	分割財産の価額から控除する債務及び葬式費用の金額		⑭ (⑫−⑬)の金額（⑬の金額が⑫の金額より大きいときは0）	⑮ 純資産価額に加算される暦年課税分の贈与財産価額（第1表の配偶者の⑤の金額）	⑯ (⑪−⑭+⑮)の金額（⑮の金額より小さいときは⑮の金額）（1,000円未満切捨て）
		⑫ 債務及び葬式費用の金額（第1表の配偶者の③の金額）	⑬ 未分割財産の価額（第11表の配偶者の②の金額）			
	円	円	円	円	円※	,000 円

⑰ 相続税の総額（第3表の⑦の金額）	⑱ ㋺の金額と⑯の金額のうちいずれか少ない方の金額	⑲ 課税価格の合計額（第3表の④の金額）	⑳ 配偶者の税額軽減の基となる金額（⑰×⑱÷⑲）
円 00	円	円 ,000	円

配偶者の税額軽減の限度額	（第1表の配偶者の⑩の金額）（第1表の配偶者の⑫の金額）	㋥ 円
	（ 円 − 円）	

配偶者の税額軽減額	（⑳の金額と㋥の金額のうちいずれか少ない方の金額）	㋬ 円

(注) ㋬の金額を第1表の配偶者の「配偶者の税額軽減額⑬」欄に転記します。

〈第9表〉

生命保険金などの明細書

被相続人　F

第9表

1　相続や遺贈によって取得したものとみなされる保険金など

この表は、相続人やその他の人が被相続人から相続や遺贈によって取得したものとみなされる生命保険金、損害保険契約の死亡保険金及び特定の生命共済金などを受け取った場合に、その受取金額などを記入します。

保険会社等の所在地	保険会社等の名称	受取年月日	受取金額	受取人の氏名
○○市○○町3-4-10	○○生命保険	30・2・10	円 12,130,000	妻
		・　・		
		・　・		
		・　・		
		・　・		

(注)　1　相続人（相続の放棄をした人を除きます。以下同じです。）が受け取った保険金などのうち一定の金額は非課税となりますので、その人は、次の2の該当欄に非課税となる金額と課税される金額とを記入します。
　　　2　相続人以外の人が受け取った保険金などについては、非課税となる金額はありませんので、その人は、その受け取った金額そのままを第11表の「財産の明細」の「価額」の欄に転記します。
　　　3　相続時精算課税適用財産は含まれません。

2　課税される金額の計算

この表は、被相続人の死亡によって相続人が生命保険金などを受け取った場合に、記入します。

保険金の非課税限度額	［第2表のⒶの法定相続人の数］（５００万円× 3 人 により計算した金額を右のⒶに記入します。）		Ⓐ 円 15,000,000

保険金などを受け取った相続人の氏名	① 受け取った保険金などの金額	② 非課税金額 $\left(Ⓐ × \dfrac{各人の①}{Ⓑ} \right)$	③ 課税金額 （①−②）
妻	円 12,130,000	円 12,130,000	円 0
合　　計	Ⓑ 12,130,000	12,130,000	0

(注)　1　Ⓑの金額がⒶの金額より少ないときは、各相続人の①欄の金額がそのまま②欄の非課税金額となりますので、③欄の課税金額は0となります。
　　　2　③欄の金額を第11表の「財産の明細」の「価額」欄に転記します。

222

XII 相続税と贈与税の申告

〈第11表〉

相続税がかかる財産の明細書
（相続時精算課税適用財産を除きます。）

被相続人　**F**

第11表

この表は、相続や遺贈によって取得した財産及び相続や遺贈によって取得したものとみなされる財産のうち、相続税のかかるものについての明細を記入します。

遺産の分割状況	区　　分	① 全 部 分 割	2 一 部 分 割	3 全部未分割
	分 割 の 日	30・3・20	・　・	・　・

財　　産　　の　　明　　細					分割が確定した財産		
種　類	細　目	利用区分、銘柄等	所在場所等	数　量／固定資産税評価額	単　価／倍　数	価　額	取得した人の氏　名	取得財産の価　額

種類	細目	利用区分、銘柄等	所在場所等	数量／固定資産税評価額	単価／倍数	価額	取得した人の氏名	取得財産の価額
土地	宅地	自用地	○○市○○丁目16番260	234.47㎡／円	185,100円	(11-11の2表の付表1のとおり)円 8,680,080	妻	円 8,680,080
	(小計)					(8,680,080)		
《計》						《 8,680,080》		
家屋、構築物	家屋	自用家屋木造瓦葺2階	○○市○○丁目16番260	143.80㎡／2,709,841	1.0	2,709,841	妻	2,709,841
《計》						《 2,709,841》		
有価証券	その他の株式	○○薬品工業	○○証券○○支店	3,600株	4,636	16,689,600	長男	16,689,600
〃	〃	○○薬品工業	○○証券○○支店	3,600株	4,636	16,689,600	次男	16,689,600
〃	〃	○○瓦斯	○○証券○○支店	9,000株	427	3,843,000	長男	3,843,000
〃	〃	○○瓦斯	○○証券○○支店	8,640株	427	3,689,280	次男	3,689,280
〃	〃	○○ハウス	○○証券○○支店	1,000株	1,395	1,395,000	長男	1,395,000
〃	〃	○○ハウス	○○証券○○支店	1,046株	1,395	1,459,170	次男	1,459,170
〃	〃	○○電鉄	○○証券○○支店	500株	3,446	1,723,000	長男	1,723,000
〃	〃	○○電鉄	○○証券○○支店	500株	3,446	1,723,000	次男	1,723,000
〃	出資金	○○信用金庫				100,000	長男	100,000
〃	〃	○○信用組合				50,000	長男	50,000
	(小計)					(47,361,650)		
〃	証券投資信託	日本MRF	○○証券○○支店	21,536口	1	21,536	長男	(持分1/2) 10,768
							次男	(持分1/2) 10,768
〃	〃	ダイワ高格付カナダドル債	○○銀行○○支店	1,387,103口	4,484	621,976	長男	(持分1/2) 310,988
							次男	(持分1/2) 310,988

合計表	財産を取得した人の氏名	(各人の合計)	妻	長男	次男		
	分割財産の価額 ①	円 122,440,212	円 37,875,661	円 42,402,052	円 42,162,499	円	円
	未分割財産の価額 ②						
	各人の取得財産の価額（①＋②）③	122,440,212	37,875,661	42,402,052	42,162,499		

(注)　1　「合計表」の各人の③欄の金額を第1表のその人の「取得財産の価額①」欄に転記します。
　　　2　「財産の明細」の「価額」欄は、財産の細目、種類ごとに小計及び計を付し、最後に合計を付して、それらの金額を第15表の①から⑳までの該当欄に転記します。

223

相続税がかかる財産の明細書
（相続時精算課税適用財産を除きます。）

被相続人　**F**

第11表

この表は、相続や遺贈によって取得した財産及び相続や遺贈によって取得したものとみなされる財産のうち、相続税のかかるものについての明細を記入します。

遺産の分割状況	区　　　分	① 全部分割	2 一部分割	3 全部未分割
	分割の日	30・3・20	・・	

財産の明細							分割が確定した財産	
種類	細目	利用区分、銘柄等	所在場所等	数量 固定資産税評価額	単価 倍数	価額	取得した人の氏名	取得財産の価額
有価証券	証券投資信託	アジア好利回りリート・ファンド	○○銀行○○支店	10,102,712口	8,013円	8,095,303	長男	(持分1/2) 4,047,651
				円			次男	(持分1/2) 4,047,652
〃	〃	GS米国成長株集中投資ファンド	○○銀行○○支店	842,602口	8,709	733,822	長男	(持分1/2) 366,911
							次男	(持分1/2) 366,911
〃	〃	ROE向上・日厳選株式ファンド	○○銀行○○支店	1,991,839口	8,527	1,698,441	長男	(持分1/2) 849,221
							次男	(持分1/2) 849,220
〃	〃	フィデリティ・USリートB	○○銀行○○支店	3,759,441口	4,419	1,661,296	長男	(持分1/2) 830,648
							次男	(持分1/2) 830,648
	(小計)					(12,832,374)		
《計》						《 60,194,024》		
現金預貯金等	現金					1,776,000	妻	1,776,000
〃	普通預金	○○銀行○○支店				3,404,647	長男	(持分1/2) 1,702,324
							次男	(持分1/2) 1,702,323
〃	定期預金	○○銀行○○支店				7,047,919	長男	(持分1/2) 3,523,960
							次男	(持分1/2) 3,523,959
〃	普通預金	○○信託銀行○○支店				2,267,961	長男	(持分1/2) 1,133,981
							次男	(持分1/2) 1,133,980
〃	定期預金	○○信託銀行○○支店			・	11,650,000	長男	(持分1/2) 5,825,000
〃							次男	(持分1/2) 5,825,000
〃	普通預金	○○信用金庫○○支店				25,333	妻	25,333

合計表	財産を取得した人の氏名	(各人の合計)					
	分割財産の価額 ①	円	円	円	円	円	円
	未分割財産の価額 ②						
	各人の取得財産の価額 (①＋②) ③						

(注) 1　「合計表」の各人の③欄の金額を第1表のその人の「取得財産の価額①」欄に転記します。
　　　2　「財産の明細」の「価額」欄は、財産の細目、種類ごとに小計及び計を付し、最後に合計を付して、それらの金額を第15表の①から⑳までの該当欄に転記します。

224

XII 相続税と贈与税の申告

相続税がかかる財産の明細書
（相続時精算課税適用財産を除きます。）

被相続人　**F**

第11表

この表は、相続や遺贈によって取得した財産及び相続や遺贈によって取得したものとみなされる財産のうち、相続税のかかるものについての明細を記入します。

遺産の分割状況	区　分	① 全部分割	2 一部分割	3 全部未分割
	分割の日	30・3・20	・　・	・　・

財産の明細							分割が確定した財産	
種類	細目	利用区分、銘柄等	所在場所等	数量 固定資産税評価額	単価 倍数	価額	取得した人の氏名	取得財産の価額
現金預貯金等	定期預金		○○信用金庫○○支店	円	円	10,000,000 円	妻	10,000,000 円
〃	普通預金		○○信用組合○○支店			37,055	妻	37,055
〃	定期預金		○○信用組合○○支店			10,000,000	妻	10,000,000
〃	定額郵便貯金		ゆうちょ銀行			4,114,364	妻	4,114,364
《計》						《 50,323,279》		
家庭用財産	家庭用財産	家具一式				30,000	妻	30,000
《計》						《 30,000》		
その他の財産	未収金	入院給付金	○○生命保険			452,820	妻	452,820
〃	〃	所得税	○○税務署			33,563	妻	33,563
〃	〃	高額療養費	○○県後期高齢者医療広域連合			2,965	妻	2,965
〃	〃	介護保険料	○○市			13,640	妻	13,640
	（小計）					（ 502,988）		
《計》						《 502,988》		
《合計》						《 122,440,212》		

合計表	財産を取得した人の氏名	（各人の合計）					
	分割財産の価額 ①	円	円	円	円	円	円
	未分割財産の価額 ②						
	各人の取得財産の価額（①＋②）						

(注) 1 「合計表」の各人の③欄の金額を第1表のその人の「取得財産の価額①」欄に転記します。
　　 2 「財産の明細」の「価額」欄は、財産の細目、種類ごとに小計及び計を付し、最後に合計して、それらの金額を第15表の①から㉘までの該当欄に転記します。

225

〈第11・11の2表の付表1〉

小規模宅地等についての課税価格の計算明細書

被相続人	F

この表は、小規模宅地等の特例（租税特別措置法第69条の4第1項）の適用を受ける場合に記入します。
　なお、被相続人から、相続、遺贈又は相続時精算課税に係る贈与により取得した財産のうちに、「特定計画山林の特例」又は「特定事業用資産の特例」の対象となり得る財産がある場合には、第11・11の2表の付表2を作成します（第11・11の2表の付表2を作成する場合には、この表の「1　特例の適用にあたっての同意」欄の記入を要しません。）。

1　特例の適用にあたっての同意
　この欄は、小規模宅地等の特例の対象となり得る宅地等を取得した全ての人が次の内容に同意する場合に、その宅地等を取得した全ての人の氏名を記入します。
　私（私たち）は、「2　小規模宅地等の明細」の①欄の取得者が、小規模宅地等の特例の適用を受けるものとして選択した宅地等又はその一部（「2　小規模宅地等の明細」の⑤欄で選択した宅地等）の全てが限度面積要件を満たすものであることを確認の上、その取得者が小規模宅地等の特例の適用を受けることに同意します。

氏名		

（注）1　小規模宅地等の特例の対象となり得る宅地等を取得した全ての人の同意がなければ、この特例の適用を受けることはできません。
　　　2　上記の各欄に記入しきれない場合には、第11・11の2表の付表1（続）を使用します。

2　小規模宅地等の明細
　この欄は、小規模宅地等についての特例の対象となり得る宅地等を取得した人のうち、その特例の適用を受ける人が選択した小規模宅地等の明細等を記載し、相続税の課税価格に算入する価額を計算します。
　「小規模宅地等の種類」欄は、選択した小規模宅地等の種類に応じて次の1～4の番号を記入します。
　小規模宅地等の種類：① 特定居住用宅地等、② 特定事業用宅地等、③ 特定同族会社事業用宅地等、④ 貸付事業用宅地等

選択した小規模宅地等	小規模宅地等の種類 1～4の番号を記入します。	① 特例の適用を受ける取得者の氏名〔事業内容〕 ② 所在地番 ③ 取得者の持分に応ずる宅地等の面積 ④ 取得者の持分に応ずる宅地等の価額	⑤ ③のうち小規模宅地等（「限度面積要件」を満たす宅地等）の面積 ⑥ ⑤のうち小規模宅地等（④×⑤／③）の価額 ⑦ 課税価格の計算に当たって減額される金額（⑥×⑨） ⑧ 課税価格に算入する価額（④－⑦）
	1	① 妻　　　〔　　　〕	⑤ 234.47 ㎡
		② ○○市○○丁目16番260	⑥ 43400397 円
		③ 234.47 ㎡	⑦ 34720317 円
		④ 43400397 円	⑧ 8680080 円
		① 〔　　　〕	⑤ ㎡
		②	⑥ 円
		③ ㎡	⑦ 円
		④ 円	⑧ 円
		① 〔　　　〕	⑤ ㎡
		②	⑥ 円
		③ ㎡	⑦ 円
		④ 円	⑧ 円

（注）1　①欄の「〔　〕」は、選択した小規模宅地等が被相続人等の事業用宅地等（②、③又は④）である場合に、相続開始の直前にその宅地等の上で行われていた被相続人等の事業について、例えば、飲食サービス業、法律事務所、貸家などのように具体的に記入します。
　　　2　小規模宅地等を選択する一の宅地等が共有である場合又は一の宅地等が貸家建付地である場合において、その評価額の計算上「賃貸割合」が1でないときには、第11・11の2表の付表1（別表）を作成します。
　　　3　⑧欄の金額を第11表の「財産の明細」の「価額」欄に転記します。
　　　4　上記の各欄に記入しきれない場合には、第11・11の2表の付表1（続）を使用します。

○　「限度面積要件」の判定
　上記「2　小規模宅地等の明細」の⑤欄で選択した宅地等の全てが限度面積要件を満たすものであることを、この表の各欄を記入することにより判定します。

小規模宅地等の区分		被相続人等の居住用宅地等	被相続人等の事業用宅地等		
小規模宅地等の種類		1 特定居住用宅地等	2 特定事業用宅地等	3 特定同族会社事業用宅地等	4 貸付事業用宅地等
⑨ 減額割合		80／100	80／100	80／100	50／100
⑩ ⑤の小規模宅地等の面積の合計		234.47 ㎡	㎡	㎡	㎡
⑪ 限度面積	イ 小規模宅地等のうちに4貸付事業用宅地等がない場合	〔1〕の⑩の面積 234.47 ≦330㎡	〔2〕の⑩及び〔3〕の⑩の面積の合計 ㎡ ≦ 400㎡		
	ロ 小規模宅地等のうちに4貸付事業用宅地等がある場合	〔1〕の⑩の面積 ㎡×200／330 ＋	〔2〕の⑩及び〔3〕の⑩の面積の合計 ㎡×200／400 ＋		〔4〕の⑩の面積 ㎡ ≦ 200㎡

（注）限度面積は、小規模宅地等の種類（「4 貸付事業用宅地等」の選択の有無）に応じて、⑪欄（イ又はロ）により判定を行います。「限度面積要件」を満たす場合に限り、この特例の適用を受けることができます。

第11・11の2表の付表1

XII 相続税と贈与税の申告

〈第13表〉

債務及び葬式費用の明細書

被相続人 **F**

第13表

1 債務の明細 （この表は、被相続人の債務について、その明細と負担する人の氏名及び金額を記入します。）

債務の明細						負担することが確定した債務	
種類	細目	債権者		発生年月日	金額	負担する人の氏名	負担する金額
		氏名又は名称	住所又は所在地	弁済期限			
未払医療費		○○病院	○○市○○町1-1-6	29・6・15 29・6・20	円 338,260	妻	円 338,260
公租公課	住民税	○○市		29・1・1 29・6・28	46,800	妻	46,800
				・ ・			
				・ ・			
				・ ・			
				・ ・			
				・ ・			
				・ ・			
合　　計					385,060		

2 葬式費用の明細 （この表は、被相続人の葬式に要した費用について、その明細と負担する人の氏名及び金額を記入します。）

葬式費用の明細				負担することが確定した葬式費用	
支払先		支払年月日	金額	負担する人の氏名	負担する金額
氏名又は名称	住所又は所在地				
(株)○○葬儀社	○○市○○町4-16	29・6・20	円 1,122,645	妻	円 1,122,645
○○市やすらぎ苑		29・6・18	9,000	妻	9,000
○○寺	○○市○○町46-28	29・6・18	500,000	妻	500,000
		・ ・			
		・ ・			
		・ ・			
合　　計			1,631,645		

3 債務及び葬式費用の合計額

債務などを承継した人の氏名			（各人の合計）				
債務	負担することが確定した債務	①	円 385,060	円 385,060	円	円	円
	負担することが確定していない債務	②					
	計（①＋②）	③	385,060	385,060			
葬式費用	負担することが確定した葬式費用	④	1,631,645	1,631,645			
	負担することが確定していない葬式費用	⑤					
	計（④＋⑤）	⑥	1,631,645	1,631,645			
合　計（③＋⑥）		⑦	2,016,705	2,016,705			

(注) 1　各人の⑦欄の金額を第1表のその人の「債務及び葬式費用の金額③」欄に転記します。
　　　2　③、⑥及び⑦欄の金額を第15表の㉝、㉞及び㉟欄にそれぞれ転記します。

227

〈第15表〉

相 続 財 産 の 種 類 別 価 額 表 （この表は、第11表から第14表までの記載に基づいて記入します。）

（単位は円）

被相続人 （氏名）　**F　妻**

第15表

種類	細目	番号	各人の合計（被相続人）	妻
土地（土地の上に存する権利を含みます。）	田	①		
	畑	②		
	宅　　地	③	8680080	8680080
	山　　林	④		
	その他の土地	⑤		
	計	⑥	8680080	8680080
	⑥のうち特例農地等 通常価額	⑦		
	農業投資価格による価額	⑧		
	家　屋、構　築　物	⑨	2709841	2709841
事業（農業）用財産	機械、器具、農耕具、その他の減価償却資産	⑩		
	商品、製品、半製品、原材料、農産物等	⑪		
	売　　掛　　金	⑫		
	その他の財産	⑬		
	計	⑭		
有価証券	特定同族会社の株式及び出資 配当還元方式によったもの	⑮		
	その他の方式によったもの	⑯		
	⑮及び⑯以外の株式及び出資	⑰	47361650	
	公　債　及　び　社　債	⑱		
	証券投資信託、貸付信託の受益証券	⑲	12832374	
	計	⑳	60194024	
	現　金、預　貯　金　等	㉑	50323279	25952752
	家　庭　用　財　産	㉒	30000	30000
その他の財産	生　命　保　険　金　等	㉓		
	退　職　手　当　金　等	㉔		
	立　　　　　木	㉕		
	そ　　の　　他	㉖	502988	502988
	計	㉗	502988	502988
	合　計（⑥＋⑨＋⑭＋⑳＋㉑＋㉒＋㉗）	㉘	122440212	37875661
	相続時精算課税適用財産の価額	㉙		
	不　動　産　等　の　価　額（⑥＋⑨＋⑩＋⑮＋⑯＋㉕）	㉚	11389921	11389921
	⑯のうち株式等納税猶予対象の株式等の価額の80％の額	㉛		
	⑰のうち株式等納税猶予対象の株式等の価額の80％の額	㉜		
債務等	債　　　　務	㉝	385060	385060
	葬　式　費　用	㉞	1631645	1631645
	合　計（㉝＋㉞）	㉟	2016705	2016705
	差引純資産価額（㉘＋㉙－㉟）（赤字のときは0）	㊱	120423507	35858956
	純資産価額に加算される暦年課税分の贈与財産価額	㊲		
	課　税　価　格（㊱＋㊲）（1,000円未満切捨て）	㊳	120422000	35858000

228

XII 相続税と贈与税の申告

相続財産の種類別価額表（続）（この表は、第11表から第14表までの記載に基づいて記入します。）

第15表（続）

（単位は円）　被相続人（氏名）　F

種類	細目	番号	長男	次男
※	整理番号			
土地（土地の上に存する権利を含みます。）	田	①		
	畑	②		
	宅地	③		
	山林	④		
	その他の土地	⑤		
	計	⑥		
	⑥のうち特例農地等 通常価額	⑦		
	農業投資価格による価額	⑧		
家屋、構築物		⑨		
事業（農業）用財産	機械、器具、農耕具、その他の減価償却資産	⑩		
	商品、製品、半製品、原材料、農産物等	⑪		
	売掛金	⑫		
	その他の財産	⑬		
	計	⑭		
有価証券	特定同族会社の株式及び出資 配当還元方式によったもの	⑮		
	その他の方式によったもの	⑯		
	⑮及び⑯以外の株式及び出資	⑰	23800600	23561050
	公債及び社債	⑱		
	証券投資信託、貸付信託の受益証券	⑲	6416187	6416187
	計	⑳	30216787	29977237
現金、預貯金等		㉑	12185265	12185262
家庭用財産		㉒		
その他の財産	生命保険金等	㉓		
	退職手当金等	㉔		
	立木	㉕		
	その他	㉖		
	計	㉗		
合計（⑥+⑨+⑭+⑳+㉑+㉒+㉗）		㉘	42402052	42162499
相続時精算課税適用財産の価額		㉙		
不動産等の価額（⑥+⑨+⑩+⑮+⑯+㉕）		㉚		
⑯のうち株式等納税猶予対象の株式等の価額の80%の額		㉛		
⑰のうち株式等納税猶予対象の株式等の価額の80%の額		㉜		
債務等	債務	㉝		
	葬式費用	㉞		
	合計（㉝+㉞）	㉟		
差引純資産価額（㉘+㉙-㉟）（赤字のときは0）		㊱	42402052	42162499
純資産価額に加算される暦年課税分の贈与財産価額		㊲		
課税価格（㊱+㊲）（1,000円未満切捨て）		㊳	42402000	42162000

（第1ステップ）

〈第11表〉

　上から下へ個々の財産を、不動産→有価証券→預貯金→その他の順に記載します。なお、個々の財産の評価額を算定するため、次のような計算書が別に用意されています。

　　・土地等の評価明細書

　　・上場株式の評価明細書

　　・取引相場のない株式の評価明細書 etc.

　本事例では、「平成30年3月20日」に全財産が分割済みです。表の右端で、それぞれの財産を誰が取得するか記入するようになっています。なお、未分割財産であれば空欄とします。

　この表の1枚目の下欄に、まとめとして各人ごとの取得価額が記載してあります。未分割財産は民法の相続割合で記載します。この欄の合計額が第1表に転記されます。

　（注）　相続時精算課税制度の適用財産は、この表ではなく第11の2表に記載します。

〈第11・11の2表の付表1〉

　本事例では、被相続人の自宅敷地を配偶者が相続するので、特定居住用宅地の評価減（80％）が適用されます。

　　本来の評価額
　　43,400,397円×（1－0.8）＝8,680,080円→第11表に転記

〈第9表〉

　本事例では、夫の死亡により妻が死亡保険金を受け取っています。みなし相続財産となりますが、これには1人500万円（相続人が3人なので1,500万円）の非課税枠があり、受取り額がその枠内に収まっているため、結果的に第11表に転記すべき課税金額は『0』となります。

〈第13表〉

　課税価格の計算で控除する債務と葬式費用の明細書です。一つずつ内容と金額を記載し、右端で誰が負担するか記入します。表の下欄で以上

のまとめを行い、この欄の合計額が第1表に転記されます。

（第2ステップ）
〈第1表〉

　第11表および第13表の各人ごとの合計額を、それぞれ①と③の欄に転記します。場合によっては、相続時精算課税適用財産（②）や相続前3年内贈与財産（⑤）を加算し、「課税価格」（⑥）を算定します。課税価格は、各人ごとに千円未満の端数を切り捨て、それを合計した金額（120,422,000円）により、第2表で相続税の総額を計算します。

（第3ステップ）
〈第2表〉

　まず、基礎控除額を次のように計算しています。

　　3,000万円＋600万円×3人＝4,800万円

　課税価格の合計額から基礎控除額を差し引いた金額（72,422,000円）が「課税遺産総額」です。この金額を民法の相続割合で按分し、それぞれに速算表を適用して各人の税額を計算します。3人分の税額を合計した『9,673,700円』（⑧）が相続税の総額です。この金額を、第1表の⑦欄に転記します。

（第4ステップ）
〈第1表〉（続き）

　各人が納める税額は、課税価格ベースで計算した実際の相続割合で決まります。その割合が、小数表示で⑧欄に記載されています。

　（注）⑧欄の数字は、合計が『1』となる小数点以下2位以上の任意の位の値とされています。

　⑨欄が、按分計算をした各人ごとの相続税額です。この金額に以下の加減算をして、納付すべき税額を算定します。

- ・兄弟姉妹・孫などの２割加算（⑪）
- ・贈与税額控除（⑫）
- ・配偶者の税額軽減（⑬）
- ・未成年者控除（⑭）
- ・障害者控除（⑮）
- ・相次相続控除（⑯）
- ・外国税額控除（⑰）
- ・相続時精算課税分の贈与税額控除（⑳）

〈第５表〉

　配偶者が納めるべき相続税から、課税価格の合計額のうち法定相続分（最低保障１億６千万円）に相当する金額を控除することができます。

　本事例では、法定相続分（２分の１）で計算した金額（120,422,000円×$\frac{1}{2}$＝60,211,000円）が１億６千万円を下回ります。妻の課税価格（35,858,000円）も１億６千万円以下となっています。そこで、妻の相続税（2,880,527円）は全額が控除され、納付すべき税額は『０』となります。

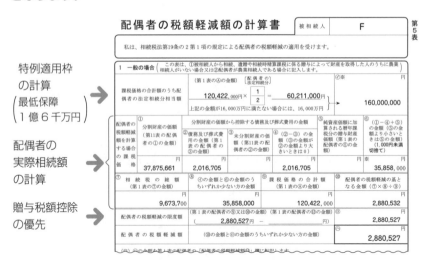

XII 相続税と贈与税の申告

　以上の計算をこの表で行います。なお、計算結果で⑩欄の金額が第1表⑨欄よりも若干大きくなっているのは、第1表⑧欄の按分割合が、端数を切り捨てた値であるためです。
〈第15表〉
　税額計算に直接関係しませんが、課税価格の集計過程をまとめた表です。第11表や第13表などの記入に基づき作成します。

2　贈与税の申告

（1）翌年3月15日までに確定申告

　贈与税は暦年課税で、「確定申告」の期限は、贈与のあった年の翌年2月1日から3月15日（当日が土曜日・日曜日・祝日ならその翌日）までとされています。申告書の提出先は、受贈者の住所地を管轄する税務署です。

　提出は、持参または郵送のいずれでも構いません。なお、相続税と違って贈与税の申告は、所得税や消費税のようにパソコンから「電子申告」（e-Tax）で行うことも可能です。

　納付期限も申告期限と同じく3月15日で、申告と納付の後先はどちらでも構いません。なお、所得税や消費税には「振替納税」（銀行口座引落し）の制度がありますが、贈与税にそれはなく、金融機関の窓口にて納付書で納めることになります。

（2）修正申告や更正の請求で間違いを正す

　確定申告した税額等に間違いがあれば、その後、修正申告（税額が増

加するとき）または更正の請求（税額が減少するとき）により、誤りを正します。なお、贈与税の時効期間は申告期限から６年間^(注)（相続税は５年間）とされています。そこで、その期間内は税務署による更正処分があります。あるいは、申告漏れの場合には、決定処分もあり得ます。

　（注）　仮装・隠蔽による悪質な脱税の場合は時効期間が7年とされています。

　なお、更正の請求ができる期間は相続税（５年間）と違って、原則として申告期限から６年間とされています。

（3）贈与税申告書は３種類

　贈与税の申告書は通常、次の３種類からなります。

　　第１表　贈与税の申告書（表紙）

　　第１表の２　住宅取得等資金の非課税の計算明細書

　　第２表　相続時精算課税の計算明細書

　通常の暦年贈与（基礎控除110万円）であれば、第１表のみの提出で足ります。相続時精算課税の場合は、第１表に加えて第２表も提出します。さらに、住宅取得資金贈与の特例の適用を受けるときは、第１表の２も添付しなければなりません。

贈与税申告書の記入例

〈暦年贈与のケース〉

　父から子へ現金400万円を贈与した場合

　直系血族間の贈与なので特例贈与に該当し、贈与税額は次のように計算します。

　　　　　　基礎控除
　　400万円－110万円＝290万円

　　290万円×15％－10万円＝335,000円

贈与税の速算表（子・孫用）

課税価格	税　率	控除額
200万円以下	10％	—
400万円以下	15％	10万円

XII 相続税と贈与税の申告

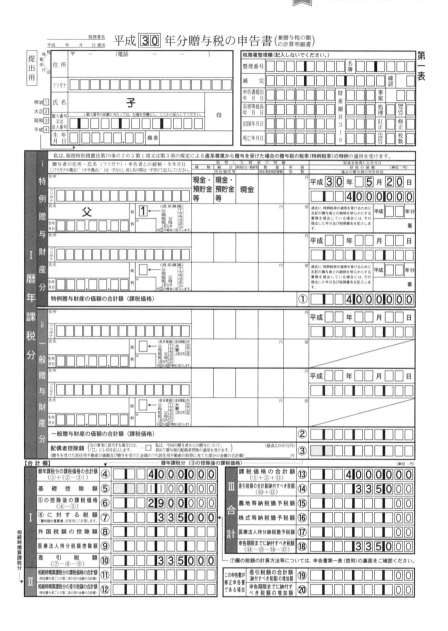

〈相続時精算課税のケース〉

　父から子へ宅地2,700万円（90m^2×30万円）を贈与した場合

　相続時精算課税を選択すれば2,500万円の特別控除が適用され、そ
れを上回る部分に対しては一律20%の税率で課税されます。

　（2,700万円－2,500万円）×20%＝40万円

　なお、このケースでは、贈与税の申告書と共に「相続時精算課税選択
届出書」を提出しなければなりません（Ⅷ（4）参照）。

XII 相続税と贈与税の申告

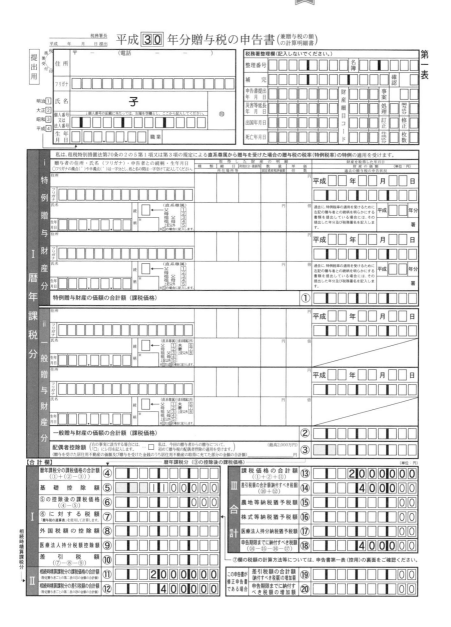

平成 30 年分贈与税の申告書 （相続時精算課税の計算明細書）

受贈者の氏名　**子**　　第二表

提出用

次の特例の適用を受ける場合には、□の中にレ印を記入してください。

☑ 私は、租税特別措置法第70条の３第１項の規定による**相続時精算課税選択**の**特例**の適用を受けます。　（単位：円）

特定贈与者の住所・氏名（フリガナ）・申告者との続柄・生年月日	左の特定贈与者から取得した財産の明細					財産を取得した年月日	
（○フリガナの濁点（″）や半濁点（°）は、一字分とし、姓と名の間は一字空けて記入してください。）	種類	細目	利用区分・銘柄等	数量	単価	財産の価額	
	所在場所等			固定資産税評価額	倍数		
住所	土地	宅地	自用地	90m²	300,000	平成 30 年 7 月 10 日	
				円	倍	2 7 0 0 0 0 0 0	
フリガナ				円		平成　年　月　日	
氏名　**父**				円	倍		
続柄 1 父1、母2、祖父3、祖母4、①〜④以外5				円		平成　年　月　日	
生年月日 ――明治1、大正2、昭和3、平成4				円	倍		

財産の価額の合計額（課税価格）　　㉑　2 7 0 0 0 0 0 0

特別控除額の計算

過去の年分の申告において控除した特別控除額の合計額（最高2,500万円）　㉒

特別控除額の残額（2,500万円－㉒）　㉓　2 5 0 0 0 0 0 0

特別控除額（㉑の金額と㉓の金額のいずれか低い金額）　㉔　2 5 0 0 0 0 0 0

翌年以降に繰り越される特別控除額（2,500万円－㉒－㉔）　㉕

税額の計算

㉔の控除後の課税価格（㉑－㉔）　【1,000円未満切捨て】　㉖　2 0 0 0 0 0

㉖に対する税額（㉖×20%）　㉗　4 0 0 0 0

外国税額の控除額（外国にある財産の贈与を受けた場合で、外国の贈与税を課せられたときに記入します。）　㉘

差引税額（㉗－㉘）　㉙　4 0 0 0 0

上記の特定贈与者からの贈与により取得した過去の相続時精算課税分の贈与税の申告状況	申告した税務署名	控除を受けた年分	受贈者の住所及び氏名（「相続時精算課税選択届出書」に記載した住所・氏名と異なる場合にのみ記入します。）
	署	平成　年分	
	署	平成　年分	
	署	平成　年分	
	署	平成　年分	

↑――（注）上記の欄に記入しきれないときは、適宜の用紙に記載し提出してください。

◎ 上記に記載された特定贈与者からの贈与について初めて相続時精算課税の適用を受ける場合には、申告書第一表及び第二表と一緒に「相続時精算課税選択届出書」を必ず提出してください。なお、同じ特定贈与者から翌年以降財産の贈与を受けた場合には、「相続時精算課税選択届出書」を改めて提出する必要はありません。

＊ 税務署整理欄	整理番号	名簿	届出番号 －
	財産細目コード	確認	

XII 相続税と贈与税の申告

相続時精算課税選択届出書

税務署受付印

平成___年___月___日

_____税務署長

受贈者
- 住所又は居所　〒　　電話(　-　-　)
- フリガナ
- 氏名（生年月日）　子　㊞　（大・昭・平　年　月　日）
- 特定贈与者との続柄　長男

私は、下記の特定贈与者から平成**30**年中に贈与を受けた財産については、相続税法第21条の9第1項の規定の適用を受けることとしましたので、下記の書類を添えて届け出ます。

記

1 特定贈与者に関する事項

住所又は居所	
フリガナ	
氏名	父
生年月日	明・大・昭・平　　年　月　日

2 年の途中で特定贈与者の推定相続人又は孫となった場合

推定相続人又は孫となった理由	
推定相続人又は孫となった年月日	平成　年　月　日

（注）孫が年の途中で特定贈与者の推定相続人となった場合で、推定相続人となった時前の特定贈与者からの贈与について相続時精算課税の適用を受けるときには、記入は要しません。

3 添付書類

次の（1）～（4）の全ての書類が必要となります。
なお、いずれの添付書類も、贈与を受けた日以後に作成されたものを提出してください。
（書類の添付がなされているか確認の上、□に✓印を記入してください。）

(1) ☑ **受贈者や特定贈与者の戸籍の謄本又は抄本**その他の書類で、次の内容を証する書類
　① 受贈者の氏名、生年月日
　② 受贈者が特定贈与者の推定相続人又は孫であること

(2) ☑ **受贈者の戸籍の附票の写し**その他の書類で、受贈者が20歳に達した時以後の住所又は居所を証する書類（受贈者の平成15年1月1日以後の住所又は居所を証する書類でも差し支えありません。）
　（注）受贈者が平成7年1月3日以後に生まれた人である場合には、(2)の書類の添付を要しません。

(3) ☑ **特定贈与者の住民票の写し**その他の書類で、特定贈与者の氏名、生年月日を証する書類
　（注）1　添付書類として特定贈与者の住民票の写しを添付する場合には、マイナンバー（個人番号）が記載されていないものを添付してください。
　　　2　(1)の書類として特定贈与者の戸籍の謄本又は抄本を添付するときは、(3)の書類の添付を要しません。

(4) ☑ **特定贈与者の戸籍の附票の写し**その他の書類で、特定贈与者が60歳に達した時以後の住所又は居所を証する書類（特定贈与者の平成15年1月1日以後の住所又は居所を証する書類でも差し支えありません。）
　（注）1　租税特別措置法第70条の3（（特定の贈与者から住宅取得等資金の贈与を受けた場合の相続時精算課税の特例））の適用を受ける場合には、「平成15年1月1日以後の住所又は居所を証する書類」となります。
　　　2　(3)の書類として特定贈与者の住民票の写しを添付する場合で、特定贈与者が60歳に達した時以後（租税特別措置法第70条の3の適用を受ける場合を除きます。）又は平成15年1月1日以後、特定贈与者の住所に変更がないときは、(4)の書類の添付を要しません。

（注）この届出書の提出により、特定贈与者からの贈与については、特定贈与者に相続が開始するまで相続時精算課税の適用が継続されるとともに、その贈与を受ける財産の価額は、相続税の課税価格に加算されます（この届出書による相続時精算課税の選択は撤回することができません。）。

○「相続時精算課税選択届出書」は、必要な添付書類とともに**申告書第一表及び第二表**と一緒に提出してください。

- 相続税の申告と納付の期限は、相続日から10か月目です。
- 被相続人の住所地の税務署へ、相続人が連名で申告します(単独での申告も可能)。
- 確定申告のやり直しは、修正申告(税額増加)または更正請求(税額減少)で行います。
- 申告期限までに遺産分割できないときは、法定相続割合で取得したものとして申告・納税をします。
  - →その後に分割協議が整えば、原則として、修正申告(税額増加の人)または更正請求(税額減少の人)をします。
    - →修正申告・更正請求をせず、相続人間で納付税額の精算をすればそれでも構いません。
- 贈与税は暦年課税で、申告および納付の期限は贈与した年の翌年3月15日です。
- 税徴収の時効は、相続税が5年で贈与税は6年(いずれも悪質な脱税の場合は7年)とされています。
- 相続税の申告書は、第1表から第15表まであります。
- 贈与税の申告書は、暦年課税は第1表、相続時精算課税には第1表プラス第2表です。
  - →相続時精算課税のときは同制度の選択届出書も一緒に提出しなければなりません。

XⅢ 相続税の税務調査

（1）相続税の調査割合は高い

　法人税や所得税と比べて、相続税の申告に対する実地調査の割合は格段に高くなっています。国税庁の公表資料によれば、前者が２～３％のところ、後者はざっと20％に上ります。それもそのはずで、調査１件あたりの追徴税額が、前者は100万円程度ですが、後者は500万円以上となっています。効率的な税務調査の観点から、割のいい（？）相続税調査に注力するのも当然のことでしょう。

　そういうことで、相続税の申告書を提出したときは、かなり高い確率で税務調査があると覚悟しておくべきです。さらに、調査の結果、申告漏れ等が見つかり修正申告に至る割合が８割を超えるそうで、なんともうっとうしい話です。

　以下、税務調査はどういう具合に行われるか、ドキュメンタリー・タッチで描いてみます。

（2）忘れたころに税務調査

　相続税の申告期限は相続日から10か月後。申告に対する税務署の調査は、申告の後１年ぐらい間を空けてから行われます。申告書を提出してから月日が経過し、ハラハラ、ドキドキしながら書類を作り上げたあの感触が薄れかけた頃、なんの前触れもなくある日突然、税務署から電話が入ります。

　「こちら○○税務署です。来週あたり調査にうかがいたいのですが、ご都合いかがでしょうか」

　事務的な口調なのでその場はなんとかしのげても、電話が切れてからにわかに襲ってくる不安感……さあ、税務調査の幕開けです。

（3）相続税には調査がつきもの

　先に述べたとおり、所得税や法人税はいざ知らず、相続税については遺産総額がきわめて小さい場合を除き、かなり高い確率で調査がありま

241

す。相続時点で隠していた財産が表に現れるころを見計らって、調査は十分に日を置いてから行われます。

　調査は税務署へ出向くのではなく、自宅で行います。調査官が1人ないし2人、朝9時半ごろ玄関のベルを鳴らして、何も問題がないときでも昼過ぎぐらいまで、あれこれせんさくしていきます。税務調査を受けた経験のない人だとその間、針のむしろに座っているような心境かもしれません。

（4）まずは経歴と趣味の質問

　まずは雑談から始まります。といっても、プロ野球や芸能界の話題などではもちろんなく、もっぱら故人の経歴や趣味について質問されます。何気ない問いかけでも、調査官の関心は常に、隠し財産に向けられていることを忘れてはなりません。

　ゴルフが趣味なら、ゴルフ会員権や高価なゴルフクラブのセットはないか、釣りや囲碁が好きな人なら上等の釣り道具や碁盤を持っていなかったかといった具合で、質問の合間にも目は鋭く室内の掛け軸や装飾品をとらえて放しません。

（5）ついで通帳とハンコの確認

　ひととおり質問が済めば、「この家にある預金通帳を全部出してください」という指示が飛びます。奥のタンスまで取りに行こうと立ち上がると、必ず後からついてきます。

　引き出しを開ければ中をのぞき込み、「ほかに何が入ってますか」「となりの引き出しは」などと、ぶしつけな言葉が飛びかいます。奥の部屋に移る際も、室内の物色（失礼！）に余念がありません。

　通帳の確認が終われば、次にすべてのハンコを提示するよう求められ、調査官はその印影を持ち帰ります。預金などの名義借りの有無を調べるのでしょう。調書に押印する際、まずは朱肉なしで押します。最近使われた痕跡があるかないか調べているのです。さすがプロの仕事は芸が細かいですね。

（6）預金の出入りをチェック

　預金の出入りについて税務署は、あらかじめ銀行から資料を取り寄せて内容を把握しています。調査のおりには、最低でも過去３年から５年ぐらいの間の、大きなお金の動きについて説明を求められます。

　通帳に配当金の振込みがあれば、それに見合う株式が相続財産で計上されているか。貸金庫の手数料が引き落とされていれば、「その貸金庫に案内してください」という話になります。貸金庫へ行けば必ず、担当者に開閉記録を確認します。調査の直前に、相続人が金庫を開けに来たかどうかを気にしているのです。

（7）後日の裏付け調査

　ひととおり質問や重要書類のチェックが終われば一応、調査終了……調査官は引きあげます。でもこれで終わったわけではありません。

　今日調べたことをもとに、再度あちこちで裏付け調査をします。半月後ぐらいにまた電話がかかり、今度は税務署に出向いて敵地にて交渉……ざっと、こういう具合に調査は進んでいきます。

（8）やり玉にあがるのは名義預金

　ところで、相続税の調査の際、一番問題になるのは"名義預金"の存在で、妻や子供名義、あるいは孫名義の預金が必ずやり玉にあがります。税務署は銀行や証券会社へ、本人とその家族名義の預金残高の照会をかけます。申告書に記載されている先はもとより、自宅近く、あるいは通勤経路上のこれはと思う金融機関に軒並み照会状を送りつけ、そこで浮かびあがった名義預金にとことん固執します。

　過去に贈与を受けた、などと主張しても聞く耳持たず。年間110万円の非課税枠内のものはともかく、贈与税の申告なしで数百万円の預金の名義が切り替えられていたとなると、税務署としてはそのまま見過ごすわけにいきません。

（9）追徴税額は１割強増し

　たとえハンコが別でも、それで即OKとはなりません。たとえば被相続人の預金先に、遠く離れて暮らす子供や孫名義の預金口座が隣りあわせで開設されているケース、あるいは利息計算書など銀行からの案内が被相続人の住所宛てに行われている……こうした状況はいかにも不自然です。

　反証の決め手がなく、名義預金が相続財産と認定されれば追徴です。ペナルティーとして過少申告加算税『10％』に延滞税（年利約３％）が加わって、１割強増しの税金を納めなければなりません。

（10）名義預金は相続財産に追加

　奥さんにも収入があった、あるいは親から相続を受けているといった、しかるべき事情があればもちろん問題ありません。ところが、専業主婦でこれまでまとまったお金の入る機会がなかったにもかかわらず大きな預金がある、というケースがときどきあります。

　私の見聞きしているところでは、そうした場合、税務署がその名義預金を見つけ出し、それに対して遺族はああだ、こうだと弁明するも聞き

XIII 相続税の税務調査

入れられず、結局は相続財産に追加されて修正申告、という結末を迎えるケースがほとんどです。

この章のまとめ

- 相続税の申告をすれば、約20％の割合で実地調査が行われています。
  → 調査後、修正申告に至る割合が8割を超えます。
- 過去数年間の預金の出入りは確認のうえで調査があり、当日、通帳と印鑑を提示するよう必ず求められます。
- 半日または終日の実地調査の後、その裏付け調査期間を経て半月ないし1か月後に電話連絡があります。
  → 税務署に出向いて結果報告を聞くことになり、協議のすえ申告是認または否認の結論が出ます。
- 相続税の調査で一番問題となるのは名義預金の存在です。
  → 妻・子・孫名義の預金が相続財産に追加され、追徴となるケースが多々あります。
- 修正申告の際、本税の他に過少申告加算税10％と延滞税（年利約3％）が追徴されます。

XIV 終わりに

1 小規模宅地特例のこと

（1）無税の相続税申告が３万件

　税制改正により平成27年１月から基礎控除額が大幅に引き下げられ、いまや課税対象となる被相続人が年間10万人を超える状況となっています。ただし、10万人のうち大半は、遺産総額が数千万円から１億円までで基礎控除額を少し上回る程度です。

　さてここで、課税対象となる相続税の申告件数は10万件ですが、税務署に提出される申告書はさらに３万件ある、という点にご注目ください。税金がかからないのに申告書を提出するのはなぜか。通常、それは何らかの税の恩典を受けるためで、よくあるケースが「小規模宅地の評価の特例」を受けようとするものです。この特例は"申告要件"となっており、申告書を提出しなければ適用されません。

　この特例を使えば、たとえば時価１億円の自宅の土地が2,000万円の評価ですみます。そのままの評価なら軽く基礎控除額を突破するところ、この特例のおかげで相続税を納めなくていい──そういうケースが３万件の大半を占めていると思われます。

（2）小規模宅地特例の検討が最重要課題

　現在の相続税では、小規模宅地特例が受けられるかどうかの検討が、最重要課題となっています。うっかりこの特例を見過ごして納税したとき、申告後に特例を適用し直して更正の請求で還付を受けようとしても、それは認められません。特例の選択をせず申告してしまったら、自業自得です。

　また、この特例を受けるためには、原則として申告期限までに対象地を誰が相続するのか、分割協議が整っていなければなりません。ただし、所定の手続き（「申告期限後３年以内の分割見込書」の提出）をしてい

れば、後日の適用も認められなくはありません。

　遺産争いで申告期限までに話し合いがつかないというケースで、たとえば特例を適用すれば基礎控除以内に収まるものの、適用しないときは上回るという場合、まずは適用しない状態で相続税を納めなければなりません。上記の３年内分割の手続きをすれば、後日に還付が受けられますが、資金繰りが大変なのでそれは避けたいということなら、先行してその土地だけを分割することです。そうすれば、無駄な出費が避けられます。

　小規模宅地特例の適用があるかないかで、納税額が雲泥の差というケースはよくあります（ⅣⅤ（12）「老舗そば屋の相続税」参照）。要件がいろいろあって、非常に判断しづらい話ではありますが、相続税の計算を行う際、最大のポイントです。この特例だけの解説書もあれこれ本屋さんに並んでいます。また、国税庁ホームページに、この特例に関する質疑応答事例が詳しく掲載されています。それらを参考にこの特例の内容を十二分に勉強し、うんと知恵を絞ってください。

2　相続税の申告ぶりのこと

（1）実地調査があれば８割が修正申告

　相続税の申告をすれば、かなり高い確率で税務署による実地調査があります。調査があれば、申告漏れ等が見つかり修正申告に至る割合が８割を超えると先に述べました（ⅩⅢ（1）参照）。人手と時間をかけて調査をするからには、何か問題点が見つかるまで頑張るというのも、相手の立場にすれば当然の行動でしょう。ここは、調査に出向く気を起こさせない"申告ぶり"を考えたいものです。

　一見しただけで、出向かねばという気にさせる申告書が確かにあります。計算間違いは論外として、たとえば、第11表に手元現金や家財道具の記載がない場合――いかにも素人っぽい申告書で、本当にないのか、

247

それとも記入漏れなのか、本人に会って確認しなければ、ということになりかねません。

（2）直前出金は手元現金に計上

　私は、相続税の申告をする際、さまざまな説明書きを添付することにしています。残高証明書や領収書などはもとより、相手（調査官）が知りたいと思うことを先読みし、支障のない範囲でこちらから手の内をさらけ出してしまうのです。

　経験上、相続税の申告でとくに問題となるのは、"手元現金"と"名義預金"です。死亡の直前に普通預金から多額の出金がある、というのはよくあることです。葬式費用などでお金が要るから引き出す、銀行に死亡が知れたら口座が閉鎖されるので、その前に出金しておこう、ときには、相続財産から除外するため数か月前から計画的に出金する、などという悪質事案もあります。

　こうしたお金を申告から除外しても、頭隠してお尻隠さずです。税務署側は、銀行から入手した預金の出入表を見て、直前出金が手元現金として計上されているか、当然にチェックします。

（3）計上しないのなら説明書きを添付

　直前に100万円を出金して葬式代に80万円を使ったのなら、手元現金100万円を計上し、葬式費用として80万円を控除する、これが正しい姿です。

　もちろん、直前に出金したお金を死亡時点までに費消していれば、それは相続財産とはなりません。しかし通常、そうした事態（病床にある本人が大きなお金を費消するようなこと）は考えられず、また、そのお金で何か買い物（宝石など）をしていれば、その物自体が相続財産となります。

　もし、費消したということなら、その出金額を計上する必要はありません。ただし、税務署側には強い疑念が生じますから、その事実を証明

248

XIV 終わりに

するため領収書のコピーと共に、顚末を記載した文書を申告書に添付するのが賢いやり方です。

（4）名義預金は自ら吟味して振り分ける

　手元現金以上に、納得してもらう資料作りの難しいのが名義預金です。生前に預金のほとんどを妻名義に切り替えていて、本人の相続財産は基礎控除額以下。このような事態を税務署が黙って見過ごすはずがありません。それは申告書の第11表に「○○名義」と記した上で、自発的に計上する方がいいでしょう。

　とはいえ、それでは妻名義の預金もすべて計上するのかといえば、それも芸のない話です。専業主婦で全く収入の入る機会がなかった、という人ならそうかも知れません。しかし過去、奥さんにお金の入る機会がなかったか……たとえば、親から相続を受けた、結婚時に持参金があった、結婚前に働いていた、結婚後もパートで勤めたことがある、夫の不動産所得から専従者給与を受けていたといった事情があれば、その部分は決して名義預金ではありません。奥さん固有の預金です。

　申告する前に、そのことを十分に吟味してください。妻が自ら振り分けをして、○○万円は自分のお金と判断がつけば、それは申告額から除外すべきです。ただし、その場合に考慮すべきは相手方（調査官）の納得です。署での机上調査の段階で得心し、実地調査は省略となる手立てを講じるべきです。

（5）申告除外の名義預金には説明書きが必要

　たとえば、親から相続したお金があれば、被相続人の氏名と住所、相続日、相続税申告書の提出先税務署、受付日等々、分かる範囲でできるだけ詳細な事実を記載した書面を申告書に添付しましょう。昔の申告書が残っていれば、そのコピーを添付すれば鬼に金棒です。

　奥さんに勤労等で得たお金があれば、それはすべて貯金し、生活費はすべて夫のお金で賄ったという主張も、あながち無理な説明ではないと

思います。就職先、働いた期間、入金額などをメモ書きしたものを申告書に添付しましょう。

妻以外に、子供や孫の名義預金もしかりです。本人の就業状況や期間から見て預金額が多すぎるというケースで、調査官の目はきらりと光ります。その場合でも、親や祖父母から贈与を受けていたというのはよくある話です。

贈与税の申告をしていれば、その申告書で説明がつきます。基礎控除（110万円）以下の贈与なので、申告していないという場合でも、あきらめることはありません。預金通帳などを吟味して、説明のつく金額は堂々と（？）申告財産から除外すればいいでしょう。ただしその場合も、調査官が納得するような説明書きを用意しましょう。

とにかく、実地調査に出向く気を起こさせない"申告ぶり"を心がけましょう。

3 遺言書のこと

（1）昔はよかった？

昔（20年ぐらい前まで）は、遺産分割でもめるという話は、あまり耳にしませんでした。民法の相続割合（配偶者が半分、残りを子供が均等に分ける）はあくまで目安であって、遺産分けがその基準に従っていなくても、一向に差し支えありません。

誰かが独り占めしようが、他の全員が承諾すれば傍の者がくちばしを挟む話ではありません。現実に、子供たちが従順に「お母さんが全部相続すればいいよ」という、気持ちのいい相続事案も珍しくありませんでした。

ところが、いつの頃からか行き過ぎた民主主義のせいで、権利の主張をする相続人が増えました。ひどい例ではこういうのがありました。相続人は老婦人と一人息子ですが、その息子は先に亡くなっており、大学

XIV 終わりに

生の孫２人が代襲相続した事案です。

　自宅は夫人が相続するとして、預貯金も老後資金として大半を夫人が取得し、別居していた孫２人には形見分けで各自に２千万円（大金です！）ずつ渡そうとしました。これにその孫２人が異を唱えるのです。民法上、自分たちには４分の１ずつの権利があるから、これでは少な過ぎると言い出したのです。

　20歳そこそこでそんな大金を手にしてどうするの、そう遠くない将来にすべて２人のものになるのだから今は遠慮したらどうか、と私は説得しましたが、頑として聞き入れません。悪の根源は、実はその２人の母親です。姑と折り合いが悪く、ここぞとばかりに背後から子供たちを焚きつけているのです。老婦人はあきれ果てて、孫たちの（というより嫁の）言い分にそのまま応じたのでした。

（2）立ちはだかる遺留分

　この話には後日談があります。嫁一家の仕打ちに憤懣やる方ない老婦人でしたが、相続税の申告が終わった後、私にこう言いました。「この先、あの子たちには１円も残したくない。全部どこかに寄附します！」

　自分が亡くなった後、全財産をどこかに寄附したい──最近、一人暮らしの方でそういう人が増えているようですね。配偶者や子はなく、相続人が兄弟姉妹の場合、民法上も遺留分（最低保障の相続分）はないので、すべてを誰か（どこか）に寄附するというのも可能です。

　しかし、この老婦人の場合、孫２人は父親の代襲相続人として、本来の相続分の半分、つまり４分の１ずつの相続権を有しています。そこで、全財産をどこかに寄附するという遺言を残したとしても、孫２人が裁判所に訴え出れば、残念ながら老婦人の思いは叶いません。そのことを私が説明すると、がっかりするかと思いきや、「それなら、死ぬまでに全部使い切ってしまうわ！」その意気、その意気です。

251

（3）不動産の共有相続は避けるべし

　そこまでひどい話ではないにせよ、相続税の申告期限までに遺産分割の協議がまとまらない、という事案が最近、加速度的に増えているように感じます。相続人である子供たちの中に貪欲な人がいて、その人が分割協議をかき回す構図です。相続人たる子供自身ではなく、その配偶者が夫や妻を操ろうとするケースも多くあります。

　話が少し脇道にそれますが、不動産を相続するとき、共有名義は極力避けるべきです。話し合いがまとまらないからといって、安易に共有名義にすると、後日とんでもない事態となりかねません。たとえば、ある子供が母親と同居していた家は、母親の死亡後、その子供の単独名義とすべきです。金融資産が僅かなので他の兄弟へ渡すお金がなければ、その子供自身のお金で渡せばいいのです（“代償分割”といいます）。

　それを安易に他の兄弟と共有にすると、将来、その家を処分するときどうなるかです。兄弟仲良くという状態なら皆、気持ちよく同意してくれるでしょう。ところが、兄弟の誰かが亡くなれば、その持ち分は配偶者や子供のものとなります。さらにその先、相続が次々起きれば、とんでもなく複雑な権利関係となり、同意を得るのに一苦労の状態となります。誰か１人でもへそ曲りがいれば、永久に処分不能な物件となりかねません。

（4）遺言書で遺産争いを回避

　さて、話を本筋に戻して、円滑に遺産分けをするにはどうするかです。ここで一つのやり方として、“遺言書”を残すやり方があります。法的に有効な遺言があれば、遺産分割を巡る争いは回避できます。ただし、遺留分（配偶者・子供なら本来の相続割合の半分）の侵害問題は考慮しておかなければなりません。侵害していても、侵害された本人がそれで納得さえすれば特に問題はありません。しかし、それでは承服できないとなると、侵害している金額相当分は、その者に渡さなければなりませ

ん。

　法的に有効な遺言とするためには、「公正証書遺言」とするのがいいでしょう。自筆証書遺言だといろいろ支障があり、遺言内容が無効となるリスクが多々あります。

　公正証書遺言を作るのは、さほど難しくはありません。近くの公証人役場に出向き（電話して時間を予約しておくのがいいでしょう）、公証人との面談で作成します。1回の面談では済まず、2〜3回は出向くことになります。最終的には証人が2人必要となりますが、身近に適当な人がいなければ、有料で役場が誰かを斡旋してくれます。

（5）遺言書は必要か？

　資産家の中で、遺言書を作ろうという人が急速に増えています。以前は、我が家の子供たちに遺産争いなどないだろうと思っていた人たちも、昨今の相続事情を目や耳にするうち、不安感が立ち上ってくるようです。そういう方たちは、安心のため公正証書で遺言書を作成したらいいと思います。

　ところで、私には遺言書の作成以前に、するべき大切なことがあるように思われます。今、ちまたには“終活”とか“エンディングノート”という言葉があふれています。自らの葬儀、お墓、遺品整理のことなどに加えて、財産分けのことをそこに書く。法的に有効な書類ではありませんが、自らの意思表示としてそれを活用するのは有意義なことだと思います。

　しかし、さらに大切なのは親子の会話です。相続について自分はどういう考え方を持っているか、子供たちにどのように相続してほしいと願っているか、そもそも自分の財産はこれこれあって、それをこのように管理している……そうしたことを、生きているうちに子供たち全員に直接伝えることが一番大切です。

　その際、念頭に置くべきは、子供たち皆を平等に処遇するというこ

です。えこひいきは、将来に向け兄弟姉妹間に反目の芽を植えつけるような
ものです。誰しも子供どうしが疎遠になってほしくはないでしょう。
今は長子相続などという時代ではありません。親への関わり方に強弱が
あるとしても、基本的に皆を平等に扱うことです。そうした親の思いを
皆が素直に受け止めてくれている、自らの死後その方向で皆の意見がま
とまると見定められるなら、遺言書など必要ないのかも知れません。と
にかく、生前に遺産分けをテーマにした会話を交わす、これが何より大
切なことだと考えます。

4 民法改正のこと

（1）配偶者居住権の新設

　平成30年1月招集の通常国会に、相続に関する民法改正法案が提出
されました。昭和55年以来の大改正です。死後に残された妻の保護を
強化するのが柱で、妻自身が亡くなるまで今の住居に住める"配偶者居
住権"を新設する案が盛り込まれています。

　従来の制度でも、遺産分割で妻が自宅を相続すれば、そのまま住み続
けることは可能です。しかし、自宅を相続するとその分、預貯金などそ
の他財産の取り分が少なくなって、生活が苦しくなる可能性があります。
たとえば、遺産総額5千万円の内訳が時価2千万円の自宅と預貯金3
千万円のとき、配偶者の法定相続分は2分の1なので、これまでの制度
では自宅を相続すると預貯金は5百万円しか手に入りませんでした。し
かし新制度では、"居住権"を1千万円と評価すれば、1千5百万円の
預貯金が得られます。

　夫が亡くなり、妻と子供が相続をする場合、以下のような計算となり
ます。

〈夫の遺産〉	
自　宅	2,000万円
預貯金	3,000万円
計	5,000万円

〈改正前〉			〈改正案〉		
妻：自　宅	2,000万円		妻：居住権	1,000万円	
預貯金	500万円		預貯金	1,500万円	
計	2,500万円		計	2,500万円	
子：預貯金	2,500万円		子：所有権	1,000万円	
			預貯金	1,500万円	
			計	2,500万円	

（2）小規模宅地特例は税計算上の話

　相続税法には従来から、小規模宅地の評価減の特例があります。自宅の土地は80％評価減し、20％相当額で評価することができます。先の例で行けば、自宅土地の評価は「2千万円×20％」ですから妻の取り分はもっとあるのでは、と考えるかも知れません。しかし、その計算は相続税額を計算する際にだけ通用する話です。税計算以前の遺産分けの際には、その特例は関係なしです。

　もちろん、相続人全員がその計算で納得すればそれでいいのですが、声高に権利主張する昨今では、異を唱える人も出てきます。そうなると、自宅の評価が時価2千万円であれば、先のように妻は預貯金を5百万円しか手にできないという現実がありました。その姿を正そうというのが今回の民法改正です。

（3）婚姻期間20年以上の妻を優遇

　さらにもう一つ、婚姻期間20年以上の夫婦の場合、遺産分割において配偶者を優遇する新たな規定も盛り込まれています。

　遺産分割を行う際、これまでは妻が夫から贈与あるいは遺贈された住居にも特別受益の持戻し規定が適用され、相続財産にそれを加えて民法の相続分を計算することとされていました。そうなると妻は、住居を相続するとその分、預貯金などその他財産の取り分が少なくなってしまいます。

　そこで改正案では、婚姻期間が20年以上の夫婦であれば、住居を生前贈与するか、遺言で贈与の意思を示せば、その住居は遺産分割の対象から外されます。それによって、妻はその住居に住み続けることができ、住居以外の遺産に対する取り分も増加します。

　婚姻期間が"20年以上"というのは、もちろん贈与税の配偶者控除の特例に連動させた取扱いです。

（4）自筆証書遺言の利便性が高まる

　今回の改正では、遺言に関する見直しも行われようとしています。遺言には主として「公正証書」と「自筆証書」の2通りがあります。そのうち自筆証書は、遺言内容が無効になるリスクが高く、そもそも被相続人の死後に所在不明となる恐れもあります。遺言はできるだけ公正証書で作成すべしと先に述べました。

　しかし、公正証書遺言の作成には、証人2人以上が必要であるなど手間や費用がかかります。今回の改正が実現すれば、1人で手軽に作成できる自筆証書遺言の利点を生かしつつ、それを全国の法務局で保管することにより、相続人が遺言の存在を簡単に調べられるようになります。

　法務局に預けた場合、従来のように家庭裁判所で相続人全員が立ち会って内容確認する「検認」の手続きが不要とされます。また、財産目録はこれまで自筆に限定されていましたが、パソコンでの作成も可能と

され利便性が高まる見込みです。

5 国外財産のこと

（1）海外がらみ事案がクローズアップ

　パナマ文書やパラダイス文書が話題となっていますが、今、税務当局が注目しているのは"海外事案"です。非居住者に対する課税をどうするか、在外財産をいかにして補捉するかという点です。

　まず、非居住者（住所が外国にある人）の取扱いの強化は、"武富士事件"が契機となっています。かつて、武富士という消費者金融会社がありました（平成22年に経営破綻）。そのオーナーが香港に住む長男に、武富士株を所有するオランダ法人の株式（国外財産）を贈与しました。香港には贈与税がありません。その贈与に対して日本国が贈与税を課税できるかどうかで、大もめにもめた事案です。

　日本を含め多くの国の税法では、居住者には国内および国外の全財産に課税、非居住者には国内財産にのみ課税することとしています。長男は、香港と日本を行き来し、武富士の専務として仕事をしていました。果たして長男は非居住者に該当するのかどうか。

（2）非居住者には国内財産のみ課税

　日本の税務署は、香港滞在は課税回避目的で、仕事上の本拠地は日本であるとして、約1,600億円の贈与税を課しました。長男側は納得せず提訴し、一審が勝訴、二審は敗訴で最終、平成23年2月の最高裁で長男側が逆転勝訴しました。課税回避の意図があったとしても、現実に香港で年間3分の2の期間を過ごしていたのだから、非居住者と認めざるを得ないという判断でした。

　この判決の結果、国側は還付加算金を含めて約2,000億円を返還したということです。通常、贈与税の税収は年1,000億円〜2,000億円程度です。そこにこれだけの額の還付問題が生じたわけですから、国側

は大慌てです。その後の税制改正で、贈与者と受贈者が共に『5年超』の期間、連続して日本国内に住所を有しない状態でない限り、国外財産にも課税することとされました。

　この5年超の基準は相続の場合も同様です。国外財産に対する日本での相続税の課税を避けたければ、被相続人と相続人が共に5年を超えて外国で暮らす必要があるとされました。

　さらにだめ押しで、平成29年度改正では期間が5年超から『10年超』に延長されました。税逃れのため、自身と子供が連続10年を超えて外国暮らしをするだなんて、まさかそこまでする人はいないだろうとみられています。

（3）国外財産の発見は容易？

　急速にグローバル化が進む今日、海外投資をする人が増加しています。不動産、株式、預金など、一般のサラリーマンでも、国外財産を所有している人が珍しくない時代となりました。動機は通常、超低金利の日本を避けて、高利回りでの資産運用ということでしょうが、中には相続税対策という方もあるかも知れません。外国にある財産は税務署に見つからないだろう、という思惑です。

　しかし、税務当局側もそうした動きは先刻ご承知です。対策の一つとして、平成24年度改正で、「国外財産調書制度」が創設されています。年末時点で5千万円超の国外財産を有するものは、翌年3月15日までにその内容、金額を税務署に届け出なければならないというものです。

　また、平成27年度改正では「国外転出時課税制度」が創設されました。住所を海外に移すときには、1億円以上の保有有価証券の含み益に課税する、という制度です。日本での譲渡所得課税を回避する動きを牽制するための方策です。

　さらに、G20サミット等の合意を受け、世界各国の税務当局による金融口座情報の自動交換の動きが加速化しています。たとえば某国の金

XIV 終わりに

融機関にある日本人の口座内容を、某国の税務当局から日本の税務当局に情報提供してもらう。逆に、日本国内の金融機関にある某国人の口座内容を、某国の税務当局に通報する。こうしたことを機械的、定期的に行う時代が、すぐそこにやってきています。

6 コツコツ贈与のこと

（1）節税策と規制はいたちごっこ

納税は国民の義務ですから、当然のことながら脱税は許されません。しかし、納める税金を少しでも減らしたいと願うのは、人情的に無理からざるところです。そこで多くの人が節税策に走りますが、ここで心得ておくべきは、節税と課税回避行為は紙一重、ということです。

思い返せば、バブル時代の低額譲渡や負担付き贈与、借金付き不動産投資、養子縁組、生命保険契約の権利の相続などなどの節税策は、利用が広まればことごとく規制されました。節税として行っていたことが、ある年から突然、課税回避行為として取り締まりを受けたことでした。

ぎりぎりで滑り込みセーフということならまだしも、その策を講じたことが後々の足かせとなる事案も散見されます。相続時精算課税もその一例でしょう。相続税の心配のない人が贈与税の節税のため行ったことが、平成27年以降、基礎控除額が大幅に引き下げられたことで、きっちり相続税のターゲットになってしまっただなんて、闇討ちにあったような話です。

平成30年度改正では、家なき子規制、３年内取得の不動産投資規制が行われました。従来から問題となっていたタワーマンション節税も、いまや事実上規制されています。最近は規制のかかるタイミングが、非常に速まっているように感じられます。

しかし、どのように規制されようと、また誰かが何らかの知恵を絞ることでしょう。節税策の発案と税務当局による規制の"いたちごっこ"は、

259

今後も続くと思われます。そういう中で、あまり先走って新しいアイデアに飛びつくのは考えものです。規制された後、逆にそれが節税の妨げとなって、あんなことしなければよかった、とほぞをかむ事態とならないよう祈ります。

（2）普通の資産家にとってはコツコツ贈与が一番

　証券会社だけでなく、銀行に対するマイナンバー制度の本格的な適用時期も刻々と迫っています。そうした中、いわゆる富裕層は別として、通常の資産家の方にとっての相続税対策は、まずは『110万円』のコツコツ贈与です。これは政府公認の節税策ですから、やり方さえ間違えなければ、あとあと問題は生じません（ VI 1 （3）「贈与の証明」参照）。

　たかが110万円と馬鹿にするなかれ。1人あたり年110万円の贈与ですから、人数と年数を増やせば可能性はどんどん広まります。子供が2人、そこに2人ずつ孫がいれば計6人で1年に660万円が非課税。それを10年間続ければ6,600万円です。10年といわず、20年、30年と継続すれば……遺産総額が1億円そこそこの大多数の資産家にとって、それだけで相続税と縁切りができるのではないでしょうか。

（3）コツコツ贈与が相続税対策の王道

　こういう話をすると、"連年贈与"になるのでは、と心配する人がいます。110万円ずつ10年間連続で贈与したとき、最初に1,100万円を贈与する意図があったのではないか、ならば1,100万円に対する贈与税207万円を支払うよう税務署に言われるのでは、という心配です。

　いやはや、節税話には心配のネタが尽きませんね。でも、ご安心ください、そんなことにはなりませんから。最初に、向こう10年間で1,100万円を分割払いする、という約束（契約）があってこその連年贈与です。連年贈与とコツコツ贈与は違います。毎年贈与を積み重ねて、結果的に10年間でそれだけの金額になったというのが通常です。

　税務署側で、最初にその意図があったと立証できない限り、そのよう

XIV 終わりに

に酷な課税はされません。万一、それが立証できたとしても、もはや時効です。贈与税の課税は、申告期限から最長7年間経過すればできません。税務署は超多忙な職場ですから、職員にはそんなことに関わり合っている余裕はありません。

どうかご心配なく、コツコツ贈与に取り組んでください。コツコツ対策だけでは追いつかないという方は、その他の対策に乗りだせばいいでしょう。コツコツ抜きで、いきなり借入れをして賃貸マンションの取得などというやり方は早急にすぎます。相続税対策の王道はコツコツ贈与、と肝に銘じてください。

この章のまとめ

- ●相続税の申告では、小規模宅地特例の適用可否の検討が最重要課題です。申告要件なので、うっかりこの特例を見過ごして申告してしまったら、もはや取り返しがつきません。
- ●申告期限までに対象地の分割協議が整わないときは、申告期限後3年以内の分割見込書を提出すれば、後日の適用が認められます。
- ●実地調査があれば8割は修正申告となるので、さまざまな説明書きを添付し、調査省略となるよう努力するのが賢明です。
  - →直前出金と名義預金を計上し、非計上分に関する説明書きの添付がポイントです。
- ●不動産の共有相続は避けるべきです。
  - →将来、その不動産を処分する際にももめ事が起きる確率が大です。
- ●相続争いを回避するため、遺言書を残す人が増えています。
  - →遺言書は公正証書で作成しましょう。

●遺言書を残すことよりも大事なのは、親子の会話です。子供たちを平等に処遇しつつ、自らの財産のこと、相続に関する自らの考え方などを、生前に皆に伝えることが大切なことだと思います。

●平成30年の民法改正で、妻の老後保障のため配偶者居住権が新設される予定です。また、自筆証書遺言の利便性が高められます。

●非居住者に対する相続税、贈与税の課税が年々厳しくなってきています。

●国外財産の発見のため、ここ数年でさまざまな制度が導入されています。

　→世界各国の税務当局による金融口座情報の自動交換制度も、近々導入されます。

●節税と課税回避行為は紙一重で、これまでさまざまな節税策が規制されてきました。

●節税策の発案と税務当局による規制のいたちごっこの中、110万円のコツコツ贈与は政府公認の節税策です。

　→あれこれの相続税対策を考える前に、まずは、年数と人数をかけたコツコツ贈与に取り組みましょう。

〈著者紹介〉

鈴木　基史（すずき　もとふみ）

公認会計士・税理士
神戸大学経営学部卒業
平成15〜17年　税理士試験委員
平成21〜24年　公認会計士試験委員（租税法）
著　書　「対話式　法人税申告書作成ゼミナール」「法人税
　　　　申告書別表4・5ゼミナール」「法人税申告の実務」「根
　　　　拠法令から見た法人税申告書」「消費税申告書作成
　　　　ゼミナール」「鈴木基史のキーワード法人税法」（以
　　　　上　清文社）、「最新法人税法」「条文で学ぶ法人税
　　　　申告書の書き方」（以上　中央経済社）、「やさしい
　　　　法人税」（税務経理協会）他
事務所　大阪市北区中之島5-3-68
　　　　リーガロイヤルホテル1453号室

鈴木基史が語る（すずきもとふみがかたる）　相続税・贈与税（そうぞくぜい・ぞうよぜい）の実践（じっせん）アドバイス

2018年7月13日　発行

著　者　鈴木　基史（すずき　もとふみ）　Ⓒ

発行者　小泉　定裕

発行所　株式会社　清文社

東京都千代田区内神田1-6-6　（MIFビル）
〒101-0047　電話 03(6273)7946　FAX 03(3518)0299
大阪市北区天神橋2丁目北2-6　（大和南森町ビル）
〒530-0041　電話 06(6135)4050　FAX 06(6135)4059
URL　http://www.skattsei.co.jp/

印刷：(株)太洋社

■著作権法により無断写複製は禁止されています。落丁本・乱丁本はお取り替えします。
■本書の内容に関するお問い合わせは編集部までFAX（06-6135-4056）でお願いします。
■本書の追録情報等は、当社ホームページ（http://www.skattsei.co.jp）をご覧ください。

ISBN978-4-433-62218-3

平成30年3月改訂

これだけは
おさえておきたい **相続税の実務Q&A**

税理士 笹岡宏保 著

「民法相続」「相続税申告」「相続税対策(事前・事後対策)」の3部構成により、相続税実務において必要な事項をQ&Aで詳解。

■B5判788頁/定価：本体 5,000円+税

相続税 税務調査[指摘事項]対応マニュアル

弁護士・税理士 米倉裕樹 編
弁護士・税理士 橋森正樹／弁護士 元氏成保 他著

今後ますます重要視される相続税対策・相続税調査対策にどう取り組むか、具体的な相談71事例をあげ、留意点・対応策を、法務、税務、両方の観点から網羅的に検討し、詳細解説。

■A5判336頁/定価：本体 3,000円+税

新版 資料収集・現地調査から評価まで

ここが違う!プロが教える 土地評価の要諦

税理士・不動産鑑定士 東北 篤 著

資料の収集から現地調査、地目の判定、評価単位の取り方、申告時の補足資料作成までを徹底解説。

■B5判352頁/定価：本体 3,000円+税

税理士のための

遺言書活用と遺産分割テクニック

101会/税理士 山本和義 他編著

遺言書や遺産分割の実務知識、活用手法と節税効果についての事例検証、具体的な相談ごとの対処例について、遺言書の文例や、税額試算の比較をあげながら、争族防止と節税のバランスを考慮した遺言書・遺産分割の実務対策をわかりやすく解説。

■B5判176頁/定価：本体 2,200円+税

相続税の申告が自分でできる本

2017-2018 相続 対応版

税理士法人コンフィアンス 代表社員税理士 益子良一 著

複雑で難解な相続税を専門用語をなるべく使わずに、Q&Aや設例によって、わかりやすく解説し、相続税申告ができるように、相続税の基礎知識から申告書の完成までをサポート。

■B5判226頁/定価：本体 1,800円+税